COLECCIÓN POPULAR

575

El gran eslabón

Martín Hopenhayn
Ernesto Ottone

El gran eslabón

Educación y desarrollo
en el umbral del siglo XXI

Fondo de Cultura Económica

México - Argentina - Brasil - Chile - Colombia - España
Estados Unidos de América - Perú - Venezuela

Primera edición, 2000

D. R. © 1999, Fondo de Cultura Económica, S. A.
El Salvador 5665; 1414 Buenos Aires
Av. Picacho Ajusco 227; 14200 México D. F.

ISBN: 950-557-342-1

Fotocopiar libros está penado por la ley. Prohibida su reproducción total o parcial por cualquier medio de impresión o digital en forma idéntica, extractada o modificada, en castellano o en cualquier otro idioma, sin autorización expresa de la editorial.

Hecho el depósito que marca la ley 11.723
Impreso en la Argentina - *Printed in Argentina*

Presentación

En el umbral del siglo XXI somos testigos de una valoración creciente de la educación. Cada vez más se la valora como un eslabón que contribuye a conciliar el crecimiento, la equidad y la participación en las sociedades del futuro. Este convencimiento se ha ido extendiendo a partir de los profundos cambios que se consolidaron en las últimas décadas del siglo XX y que implicaron profundos reordenamientos económicos, sociales y políticos. Estas transformaciones acrecientan aún más la importancia del conocimiento y la innovación como ejes del desarrollo. De allí que el debate latinoamericano y caribeño haya vuelto la mirada con suma atención al sistema educativo, a sus alcances, sus problemas y la necesidad de sus eventuales transformaciones.

La CEPAL, junto con la Unesco, participó en 1992 en la elaboración del documento "Educación y conocimiento: eje de la transformación productiva con equidad", que tuvo un profundo impacto en este debate y en las reformas educativas que se realizaron en la región. Con posterioridad ha seguido desarrollando un conjunto de trabajos en esta línea, en muchos de los cuales han tenido una participación relevante los autores del ensayo que presentamos, Ernesto Ottone, Secretario de la Comisión, y Martín Hopenhayn, Oficial de Asuntos Sociales de la División de Desarrollo Social. En este ensayo, los autores nos ofrecen una visión prospectiva y libre sobre el tema. Entre sus fuentes aparece claramente el pensamiento que ha ido elaborando la CEPAL durante la última década en relación con los vínculos entre desarrollo, educación y conocimiento. Mucho nos complace, pues, que Fondo de Cultura Económica haya decidido publicar el trabajo en esta prestigiosa colección, poniéndolo así al alcance de un amplio público de la región.

JOSÉ ANTONIO OCAMPO
Secretario Ejecutivo de la CEPAL

Agradecemos a
JUAN CARLOS TEDESCO,
JOSÉ ANTONIO OCAMPO, REINALDO BAJRAJ
y AGUSTÍN SQUELLA
por la atenta lectura que hicieron del manuscrito
y por los comentarios que nos permitieron
darle forma definitiva.

I. Nuevos órdenes y nuevas incertidumbres

1. Cambios en la aldea global

Los cambios que registra actualmente el mundo hacen coincidir, más que nunca antes en la historia humana, su carácter exhaustivo y su alta velocidad. La globalización conjuga, en este sentido, una compresión radical del tiempo y el espacio. Las transformaciones que antes tomaban siglos o decenios hoy ocurren en meses. Esto incluye saltos en productividad, en acceso a la información, en conexión a distancia, en volatilidad del equilibrio económico, en pautas de consumo y en la sensibilidad de la gente, por tomar algunos ámbitos conocidos. Lo anterior significa que en el transcurso de una vida se producen cambios dramáticos que ponen en cuestión modos de vida, actividad laboral y la relación de las personas con el conjunto del entorno económico, social y político en que viven.

Tomando a modo de ejemplo sólo un acontecimiento central de la vida política, no parece desacer-

tado el juicio de algunos analistas que definieron la caída del muro de Berlín como el fin del siglo XX y el comienzo del siglo XXI. Porque por la magnitud del cambio que este hecho cristalizó o catalizó, al modificar dramáticamente la arquitectura política del planeta que parecía instalada para el transcurso de muchas generaciones futuras, sobrevino una divisoria de aguas cuyas consecuencias todavía cuesta ponderar.

La caída del muro tuvo un carácter emblemático. Pero tras el emblema se pueden desbrozar las fuerzas históricas que provocaron ese acontecimiento. Recurriendo a una lectura estructuralista que intenta explicar cambios políticos en relación con los cambios en los patrones de producción, podemos hoy afirmar que el colapso de los socialismos reales estuvo vinculado estrechamente con la consolidación de un nuevo paradigma productivo que liga de maneras novedosas la aceleración del conocimiento científico y tecnológico al campo de las comunicaciones, la microelectrónica, la biotecnología y la creación de nuevos materiales. Este cambio productivo, a su vez, va indisociablemente unido a la apertura de la economía mundial, la deslocalización de las empresas y cambios radicales en las prácticas y mercados laborales.

Estos cambios están, pues, muy relacionados, a su vez, con un proceso creciente e inevitable de globalización de la economía y el comercio internacional, con un fuerte protagonismo de las empresas transnacionales y un debilitamiento del Estado-Nación. Se ha acentuado la existencia de un mundo único, de un espacio económico global extremadamente competitivo en el cual se perfila la posesión de la información, el conocimiento y el desarrollo de la innovación como los factores determinantes para desarrollarse con éxito. Como señala Alvin Toffler:

> la forma de alcanzar el desarrollo y el poder económico en el siglo XXI ya no será mediante la explotación de las materias y el trabajo manual del hombre [...] sino mediante los recursos de la mente humana.[1]

A comienzos de los años noventa, la percepción inicial de estos cambios estuvo marcada por un fuerte optimismo. Si la estructura bipolar que aparecía irreversible y el terror nuclear que daba una lógica unificadora a los conflictos de todo el planeta habían desaparecido, ¿por qué no pensar en una época sin conflictos donde la globalización económica albergara una situación básicamente armónica y pacífica, sustentada en los valores democráticos del Occidente triunfante? En esa dirección se abrieron líneas de reflexión marcadas por el optimismo político, la más celebrada de las cuales fue la de Francis Fukuyama y las del opti-

---

[1] Alvin Toffler, *El cambio del poder*, Barcelona, Plaza y Janés, 1990, p. 470.

mismo tecnológico de "las mentes del futuro" como Toffler, Nasbitt, Negroponte y Bill Gates.

Sin embargo, hoy resulta inverosímil esa mirada optimista. A una década de la caída del muro, las promesas de paz y prosperidad que se asociaron al fin de la Guerra Fría se han cumplido sólo muy parcialmente. La construcción democrática de los países del Este presenta aún hoy no pocos interrogantes, y en el plano económico los países europeos no han podido revertir problemas como el desempleo, cuyas altas cifras se han vuelto persistentes. Los países en desarrollo presentan una enorme heterogeneidad en sus dinámicas de desarrollo.[2] Como bien se sabe, los índices de po-

---

[2] Curiosamente, los países con mejor ritmo de desarrollo contaron con un notable esfuerzo de inversión educativa. Durante un período de quince años (1980-1995), el total del gasto público destinado a educación en cuatro países asiáticos de reciente industrialización alcanzó los siguientes promedios: Hong Kong el 2,7% de su producto nacional bruto (PNB) equivalente al 16,9% del gasto total del gobierno, Singapur el 3,2% de su PNB, equivalente al 19,1% del total de su gasto público, y Tailandia al 3,8% de su PNB, equivalente también al 19,7% del gasto total del gobierno. Corea, por su parte, en el período que va de 1980 a 1994 mantuvo como promedio de gastos totales en educación un valor equivalente al 4% de su PNB y alcanzó para el período 1992-1994 como media el 16% del total de su gasto público. Por otra parte, Japón en 1993 mantuvo gastos totales en educación que alcanzaron el 3,7% de su PNB, mientras que la República Popular China invirtió en educación en 1995 valores equivalentes al 2,3% de su PNB. (Fuente: Unesco, *Anuario estadístico 1997*).

breza, miseria y exclusión continúan siendo altísimos a lo ancho del mundo.

En el plano político aparece un nuevo escenario en el que convive en el discurso de la globalización el paradigma de la democracia liberal con la emergencia de nuevos conflictos que no responden a la tensión Este-Oeste, sino que se basan en rivalidades étnicas, en el surgimiento de nacionalismos exacerbados y en fundamentalismos que encarnan en confrontaciones virulentas en territorios que antes constituían un solo país. Nuevos y viejos fanatismos adquieren grandes dimensiones y generan situaciones incontrolables en regiones enteras. Como lo señala Jean Daniel, "nos dirigimos sin brújula y sin estrellas hacia un futuro mundialista, pero nos dirigimos entre las más tumultuosas convulsiones".[3] Ello está obligando a todos a pensar el futuro como una construcción cuidadosa y frágil que no está predestinada ni a un inevitable progreso ni a la catástrofe, y donde conjugar prosperidad, democracia y ciudadanía para todos es tan difícil como la "cuadratura del círculo".[4]

Tomando en cuenta la situación antes descrita, Alain Touraine ha caracterizado recientemen-

---

[3] Jean Daniel, *Voyage au bout de la Nation*, Paris, Seuil, 1995, p. 171.

[4] Ralf Dahrendorf, *Quadrare il cerchio. Benéssere economico, coesione sociale e libertà politica*, Bari, Laterza, 1995. [Trad. esp.: *La cuadratura del círculo. Bienestar económico, cohesión social y libertad política*, México, Fondo de Cultura Económica, 1996.]

te las sociedades contemporáneas por un doble proceso.[5] De una parte, por la disociación creciente del universo instrumental y el universo simbólico de la economía y las culturas. De otra, por la existencia de un poder difuso que no se orienta a crear un orden social y que acciona sólo en dirección al cambio, al movimiento y a la circulación de capitales, de bienes de servicio y de información, generando un vacío político y social. Frente a este vacío, muchos responden con formas de regresión comunitarista, a lo que Touraine llama procesos de "desmodernización". Tal desmodernización tiende a generar sociedades cada vez más fragmentadas, con elites modernas articuladas con el intercambio global y, en el otro extremo, grandes contingentes de excluidos que navegan entre la atomización social y el refugio en tradiciones locales, regionales, étnicas, carnales y/o religiosas.

Desde otra perspectiva, los organismos internacionales manifiestan cada vez con mayor dramatismo las crecientes brechas entre países ricos y pobres, y entre grupos ricos y pobres. El Banco Mundial, el BID, la UNCTAD, la Unesco y otros, así como también la comunidad internacional expresada en cumbres presidenciales, alertan hoy sistemáticamente sobre las amenazas "perversas"

[5] Alain Touraine, *Pourrons-nous vivre ensemble? Égaux et différents*, Paris, Fayard, 1997. [Trad. esp.: *¿Podremos vivir juntos? Iguales y diferentes*, Buenos Aires, Fondo de Cultura Económica, 1997.]

de un orden económico mundial en el que aumenta el desempleo, no disminuye la pobreza, se ensanchan los contrastes socioeconómicos, se expande la economía financiera y con ella el rentismo especulativo, aumenta el ingreso que remunera el capital más del que remunera al trabajo, y se abre velozmente la brecha entre salarios de mano de obra calificada *vs.* el resto.

Los cambios han dado lugar a una realidad ambivalente, incierta e insegura. En un reciente ensayo, Daniel Cohen pone en duda que el conocimiento de por sí genere mayor igualdad y democracia, señalando que

> las economías productoras de ideas conocen más desigualdades que aquellas que fabrican objetos. La propensión a excluir a aquellos que no tienen ideas es, según parece, más fuerte que aquella que excluye a quienes carecen de riqueza.[6]

A su vez, Norberto Bobbio entrega una mirada desmitificadora respecto de los contenidos valóricos de los cambios en curso:

> El nuevo *ethos* mundial de los derechos del hombre resplandece sólo en las solemnes declaraciones internacionales y en los congresos

---

[6] Daniel Cohen, *Riqueza del mundo, pobreza de las naciones*, Buenos Aires, Fondo de Cultura Económica, 1998, pp. 56-57. Lo mismo señala Jeremy Rifkin en *The End of Work, Decline of the Global Labour Force and the Dawn of the Post-market Era* (Nueva York, Putnam, 1995 [trad. esp.: *El fin*

> mundiales que los celebran y doctamente los comentan, pero a estas solemnes celebraciones, a estos doctos comentarios corresponde en la realidad su sistemática violación en casi todos los países del mundo (quizá podríamos decir *todos* sin miedo a equivocarnos), en las relaciones entre poseedores y débiles, entre ricos y pobres, entre quien sabe y quien no sabe. Qué significa todo esto para el "futuro de la democracia" es una pregunta a la cual es difícil contestar.[7]

Decíamos al comienzo que la globalización afecta las categorías básicas de nuestra percepción de la realidad en cuanto transgrede la relación tiempo-espacio y la reinventa bajo condiciones de aceleración exponencial: se comprimen ambas categorías de lo real por vía de la microelectrónica, que hace circular una cantidad inconmensurable de "bits" a la vez en un espacio reducido a la nada por la velocidad de la luz con que operan estas unidades comunicativas. Tal aceleración temporal y tal desplazamiento espacial se dan con especial intensidad en dos ámbitos donde la microelectrónica tiene aplicación: en la circulación del dinero y en la de las imágenes (como íconos, pero también como textos). Si algo no

---

trabajo: nuevas tecnologías contra puestos de trabajo, el nacimiento de una nueva era, México, Paidós, 1996]).

[7] Norberto Bobbio, *Autobiografía*, Madrid, Taurus, 1998, pp. 285-286.

tiene precedentes es el *volumen* de masa monetaria y de imágenes que se desplaza sin límites de espacio y ocupando un tiempo infinitesimal.

¿Pero cómo se distribuye ese incremento en la circulación entre las personas? Sin duda de manera paradójica: mientras el dinero viaja concentrándose, las imágenes lo hacen diseminándose. Un informe de las Naciones Unidas sobre concentración de la riqueza en el mundo en 1998 señalaba que la fortuna sumada de las 225 familias más adineradas del planeta es equivalente a lo que posee el 47% más pobre de la población total del mundo, que suma alrededor de 2.500 millones de habitantes,[8] y las tres personas más ricas poseen más dinero que el PIB sumado de los 48 países más pobres. En contraste con ello, el número de aparatos de televisión por cada mil habitantes ha aumentado exponencialmente durante las últimas cuatro décadas, y el tendido de redes de TV por cable aumenta aún con mayor rapidez. Con ello se agiganta la brecha entre quienes poseen el dinero y quienes consumen las imágenes. Tanto más inquietante resulta esto cuando consideramos que las imágenes se distribuyen gracias al dinero de las empresas que publicitan sus productos y servicios en la pantalla, con lo cual promueven expecta-

---

[8] Hace tres años se requería la fortuna de las 358 familias más ricas para sostener esta onerosa proporción.

tivas de consumo y de uso cada vez más distantes de la disponibilidad real de ingresos de la gran masa de televidentes.

De este modo la globalización impacta sobre las sociedades nacionales exacerbando a la vez sus brechas sociales y su desarrollo comunicacional. El abaratamiento relativo de la conexión a la pantalla no guarda proporciones con el precio de los productos que se publicitan en ella. Crecen simultáneamente una cultura de expectativas de consumo y una cultura de frustración o sublimación de aquéllas. El individuo medio de una sociedad periférica se ve obligado a disociar entre un amplio menú de consumo simbólico y otro, mucho más restringido, de acceso al progreso material y a una mayor participación en la carreta del progreso. Asistimos a un portentoso desarrollo de opciones de gratificación simbólica por vía de la apertura comunicacional y a una concentración creciente de los beneficios económicos de la globalización en pocas manos. Para los demás, las manos vacías y los ojos colmados con imágenes del mundo. Valga esta caricatura para hacer más gráfica la realidad.

2. El escenario del desarrollo en América Latina

Los cambios referidos afectaron en toda su magnitud a las economías y sociedades latinoamericanas. En materia económica, la región se readaptó con retraso a los cambios globales, que la sorprendieron, una vez más, en condiciones de rezago y de asimetría negativa respecto de los países del centro. A ello se agrega su vulnerabilidad en la crisis de los años ochenta, cuando coincidió la tendencia histórica al deterioro en los términos de intercambio (sobre todo de países exportadores de materias primas) con el colapso del financiamiento externo. Los flujos de divisas invirtieron su dirección con la crisis de la deuda. Y mientras algunos países pagaban el alto costo de pasar de economías "hacia adentro" a economías abiertas, todos se vieron remecidos por el estrangulamiento del gasto social, por el costo de los ajustes requeridos para equilibrar las variables macroeconómicas y por la volatilidad de los mercados financieros. A estos elementos de "contingencia" se agrega uno más estratégico, a saber, la condición desventajosa de la región para incorporarse con mayor protagonismo y competitividad en la economía del conocimiento, de la información y de la "inteligencia".

Tan dura ha sido la readecuación de América Latina que la CEPAL llamó a la década del ochenta la "década perdida". El epíteto cuadra con la realidad, al menos parcialmente: las economías no crecieron y los indicadores del progreso social se desplomaron. Sin embargo, la misma década fue de un duro y fecundo aprendizaje político, dado que en buena parte de la región se vivió un escenario de democratización de los sistemas políticos y de avances en el pluralismo democrático. Y este mismo aprendizaje político tuvo también, entre sus más controvertidas lecciones, la coexistencia pacífica de la democracia política con la racionalización económica. En otras palabras, los procesos de democratización política acompañaron decisivas transformaciones económicas dirigidas a superar la profunda recesión de los años ochenta y sus consiguientes desajustes, a retomar el crecimiento y adecuar las economías de la región a los cambios de la economía mundial.

Llegando al final de la década del noventa, el balance de las transformaciones económicas en la región muestra avances y rezagos. La mayoría de sus países ha logrado una recuperación económica moderada con una expansión promedio que ronda el 3% entre 1991 y 1999,[9] significativos

[9] En 1997 la tasa promedio fue del 5,2%, pero para 1998 alcanzó sólo el 2,3%. (CEPAL, *Balance preliminar*, Santiago de

avances en cuanto a la estabilidad macroeconómica, un crecimiento dinámico y una progresiva diversificación de las exportaciones, el acceso a mayores niveles de financiamiento externo y un incremento de la interdependencia económica de los países de la región, impulsado por una nueva generación de acuerdos formales de integración. Sin embargo, el nivel de crecimiento todavía dista de ser el necesario para abordar los rezagos tecnológicos y sociales (nivel que, según la CEPAL, debe alcanzar el 6%). Las economías muestran todavía un alto grado de vulnerabilidad, un incremento demasiado lento del ahorro interno, una expansión insuficiente de la inversión total y una agudización de la heterogeneidad estructural característica de los sistemas productivos de la región.[10]

En relación con la pobreza, las diferencias nacionales son muy profundas. Pero en términos generales, la CEPAL señala que en los primeros ocho años de la década del noventa la pobreza se redujo en la gran mayoría de los países de la

---

Chile, 1998). En 1999 se observó una ligera caída en la que tuvo un papel muy importante la crisis asiática, y la recuperación de la región depende mucho de un contexto económico internacional difícil de prever. En todo caso el crecimiento promedio en la década del noventa ha resultado un poco inferior al 3%, nivel históricamente mediocre para la región.

[10] CEPAL, *Fortalecer el desarrollo: interacciones entre macro y microeconomía* (LC/G 1898/Rev. 1-P), p. 13.

región, por lo que para el conjunto de ésta, "el porcentaje de hogares en situación de pobreza disminuyó del 41% al 36%, recuperándose así el nivel previo a la crisis de los años ochenta", lo que "ha permitido también detener el aumento de la población pobre, que se mantiene en torno a 200 millones de personas."[11] Según el BID,

> más de 150 millones de latinoamericanos, que equivalen a cerca del 33% de la población, se encuentran por debajo de un nivel de ingresos de 2 dólares diarios (corregidos por las diferencias de la capacidad de compra de las monedas de los distintos países), que se considera el mínimo necesario para cubrir las necesidades básicas del consumo.[12]

El propio BID atribuye parte de la persistencia de la pobreza en la región a la distribución del ingreso, dado que América Latina ostenta el triste récord de la peor distribución del ingreso en todo el mundo; opina que

> si América Latina tuviera la distribución del ingreso que corresponde a su nivel de desarrollo de acuerdo con los patrones internacionales, la incidencia de la pobreza sería la mitad de lo que es realmente [...] los niveles de ingreso per

[11] CEPAL, *Panorama Social de América Latina, 1998*, p. 35.
[12] BID, *América Latina frente a la desigualdad*, Washington D. C., 1998, p. 25.

cápita de los países de Europa oriental no difieren en forma apreciable de los de América Latina, pero allí la pobreza afecta a sólo el 7% de la población.[13]

Según la CEPAL, y tal como lo plantea en *Panorama Social de América Latina*, 1998, el análisis de la evolución de la distribución del ingreso en los años noventa revela, para el caso latinoamericano, una fuerte resistencia al cambio, dado que la inequitativa distribución del ingreso obedece a causas estructurales como son los factores educacionales, ocupacionales, demográficos y patrimoniales.

Por todo lo anterior es posible inferir que, pese a los esfuerzos realizados por imprimirles mayor eficacia y focalización a las políticas sociales y a las reformas en los campos educativo, de la salud y de la seguridad social, nos encontramos ante una situación persistente de rezago social que cuestiona la sustentabilidad del proceso de desarrollo y obstaculiza la profundización de la democracia y el ejercicio ciudadano en la región.

La disparidad de diagnósticos actuales revela el carácter ambivalente del desarrollo en la región. En términos positivos se destacan las transiciones democráticas, los "saneamientos" macroeconómicos, la mayor inserción de la región en el comercio mundial, los esfuerzos de integración subregional

---

[13] Ibídem.

y, en algunos casos, una inserción externa acompañada con incorporación de progreso técnico. En términos negativos sobresalen la persistencia de la pobreza y la concentración del ingreso, el rezago en el desarrollo científico-tecnológico, la fuerte incidencia del sector informal-pobre en el mercado de trabajo, los nichos de corrupción y el mal manejo en la política pública, así como la creciente preocupación de la gente frente a la delincuencia y la falta de seguridad ciudadana.

Esta situación no mejorará sin cambios sustanciales en la orientación del proceso de desarrollo. Sin duda, alcanzar niveles sostenidos del 6% de crecimiento generará un notable avance, pero no resolverá por sí solo la aguda falta de equidad ni generará automáticamente las condiciones para crear sinergias entre democracia política y desarrollo socioeconómico. Junto con elevar el crecimiento se requieren cambios importantes dirigidos a una mejor calidad del desarrollo en lo social, lo político y lo cultural. Para ello es necesario revertir en el mediano plazo la inequidad estructural; frenar la fragmentación social derivada del actual modelo de "inserción externa/deserción interna"; enfrentar las crisis cíclicas –cada vez más frecuentes– y la volatilidad financiera con medidas más proactivas que restrictivas; atacar frontalmente la corrupción pública y la tentación "rentista" tanto en el sector público como en el privado; promover mecanismos de pertenencia y de sentido para contrarrestar el "fin de las ideologías", la "crisis del espacio público" y la "pérdida de horizontes".

Todo esto requiere, en primer lugar, la voluntad y decisión políticas para impulsar cambios que tienen también sus costos, pues significa ir contra la *force des choses*, pasar de la retórica a los hechos en la afirmación de que "el mercado no basta", contravenir intereses de corto plazo, romper privilegios y corporativismos privados y públicos e innovar en los instrumentos de intervención pública.

Tal reorientación no puede diferirse a fases futuras de mayor bonanza económica o tasas más dinámicas de crecimiento. Esto, por dos razones al menos. En primer lugar, no es seguro que la prolongación de la situación actual, con todos sus límites, permita lograr el nivel de crecimiento alto y sostenido que se considera necesario. En segundo lugar, los estudios sobre percepción de la gente respecto de la situación de la región muestran niveles de disconformidad en aumento, de desafección del sistema democrático y de aguda percepción de injusticia, lo que puede ser premonición de fases altamente disruptivas.[14]

[14] Véase Consorcio Iberoamericano de Investigación de Mercados y Asesoramiento/Organización de Estados Iberoamericanos para la Educación, la Ciencia y la Cultura (CIMA/OEI), *Iberoamérica habla*, Santafé de Bogotá, 1997. Véanse también

La asincronía entre esfuerzos y logros de la gente plantea un agudo problema de ritmos políticos. Buena parte de la población latinoamericana percibe que el desarrollo económico no retribuye meritocráticamente los esfuerzos invertidos por las personas y que los sacrificios para "sanear" el rumbo del desarrollo recaen sobre todo en los sectores más necesitados de apoyo. Hasta ahora este *statu quo* ha sido compensado por un cierto "período de gracia" de las democracias, en el sentido de que las gratificaciones simbólicas (por la caída de las dictaduras, la expansión de los medios de comunicación de masas, la mayor libertad de expresión) podían compensar esta situación de asincronía, y la gente entendió que la reconstrucción de la democracia y el combate a los grandes desequilibrios monetarios requerirían un período de fuertes sacrificios. Sin embargo, ese período de gracia parecería estar llegando a su fin, y tiende a producirse un reclamo generalizado de cambios, una percepción de inseguridad con respecto al futuro, de indefensión frente al infortunio (enfermedad, vejez, desocupación, barreras para acceder a la educación, etc.), y donde un ámbito público debilitado se muestra incapaz de proteger y de asumir el rescate de los ciudadanos.

---

los informes de Latinobarómetro y el *Informe de desarrollo humano en Chile 1998*, del PNUD.

Lo anterior se acompaña con la percepción de una escasa titularidad de derechos que generan una ciudadanía de poca consistencia y que se expresa en una desigualdad fundamental en el acceso a la justicia, en relación con los propios agentes del Estado y con el mundo del capital privado. En fin, se percibe la presencia de reglas de juego poco transparentes, donde frente a los poderosos ya no existen con el vigor requerido los contrapesos de antaño (partidos, sindicatos), por restringidos y corporativos que sean, y donde no hay otras formas de protección que las estrategias individuales de supervivencia.

Polos anímicos contrastantes conviven en el mapa de la región. Por un lado, el desencanto frente a proyectos nacionales que en décadas anteriores poblaron el futuro y el imaginario colectivo con la expectativa de integración social.[15] Por otro lado, el continuo encantamiento promovido por los íconos y las imágenes que los medios de comunicación de masas proveen a un ritmo vertiginoso. En este nuevo *statu quo* la juventud popular urbana es quien más interioriza las promesas y las aspiraciones generadas por los medios de comunicación de masas, la escuela y la política, pero sin acceder a la movilidad y al consumo

---

[15] Véase al respecto Martín Hopenhayn, *Ni apocalípticos ni integrados: aventuras de la modernidad en América Latina*, Santiago de Chile, Fondo de Cultura Económica, 1994.

que ellas contienen. Así, estos jóvenes padecen una combinación explosiva: mayores dificultades para incorporarse al mercado; mayor acceso a información y estímulo en relación con nuevos y variados bienes y servicios cuya consecución les está vedada y que, a su vez, se constituyen para ellos en símbolos de movilidad social; una clara observación de cómo otros disfrutan de esos bienes en un esquema que no les parece meritocrático; y todo esto en un momento histórico, a escala global, donde no son muy claras las "reglas del juego limpio" para alcanzar los beneficios del progreso.

Mientras el acceso al bienestar material se ha estancado y la exclusión social no se revierte, se expande, por otro lado, el acceso a bienes simbólicos como la educación formal, la televisión y la información actualizada. La brecha creciente entre desintegración "dura" (material) e integración "blanda" (simbólica) alimenta esta connivencia entre desencanto y complacencia, o entre ánimo apocalíptico y entusiasmo posmoderno. La creciente segmentación social es motivo de críticas ácidas, pero la defensa de la diversidad cultural despierta nuestras legítimas pulsiones utópicas. La informalidad laboral es claramente un factor estructural de reproducción de la pobreza, pero hablamos a la vez de la autogestión y el "acceso a destrezas estratégicas" como bondades que los nuevos tiempos pueden poner al alcance de todos. Al mismo tiempo que la integración social-material parece agotar todos sus viejos recursos, nuevos ímpetus de integración simbólica irrumpen desde la industria cultural, la democracia política y los nuevos movimientos sociales.

II. La nueva centralidad de la educación

1. *Una percepción generalizada*

Los cambios resumidos en el primer capítulo han ido acompañados de una creciente valorización de la educación.[16] *De una parte, el reordenamiento económico y social que se desprende de la transición hacia la tercera revolución industrial y la llamada sociedad del conocimiento obliga a formar recursos humanos capaces de participar productivamente en los nuevos modos de producir, trabajar y competir. Tanto la necesidad de promover mayor integración social en el interior de los países como la capacidad de países y regiones para competir globalmente obligan a un acceso más democrático a la información, el conocimiento "estratégico" y las destrezas productivas. Los ojos se vuelven anhelantes hacia la esfera de transmisión de conocimientos, donde la educa-*

---

[16] Véase Ernesto Ottone, "Globalización y transformación educativa", en *Perspectivas*, vol. XXVI, núm. 2, junio de 1996.

ción formal sigue siendo protagonista, aunque no la única. La educación en la llamada sociedad posindustrial –compleja y ambivalente– aparece como el medio predilecto para asegurar mañana lo que hoy no se ha logrado: un dinamismo productivo con equidad social y una democracia basada en una ciudadanía sin exclusiones. Esa expectativa encierra el peligro de una futura decepción, pues tales objetivos sólo pueden ser logrados a través de un vasto esfuerzo sistémico, del cual el sistema educativo puede constituir una parte importante, pero en ningún caso puede ofrecer las "llaves del reino".

A las puertas del siglo XXI somos, pues, testigos de un amplio consenso en torno a la importancia que tienen los procesos educativos como eslabón para articular los distintos objetivos del desarrollo. Las razones de quienes concurren en dicho consenso son diversas. Hay quienes consideran la educación importante en cuanto factor fundamental para acelerar la modernización y el progreso económico. Otros confían en que la educación conduce a sociedades más equitativas, y otros finalmente ven en ella el medio privilegiado para superar sociedades inseguras y violentas.

Este carácter de eslabón hace que la centralidad de la educación sea compartida por quienes sustentan posiciones filosóficas, culturales y políticas muy diversas, y que gane posición como sentido común en la opinión pública. En los últimos años la educación ha ocupado un lugar privilegiado en las agendas de gobierno y en el ámbito intergubernamental. En el sistema de las Naciones Unidas sobrepasó hace tiempo las fronteras de la Unesco, y está muy presente en casi todos sus organismos y agencias, incluidas las organizaciones de Bretton Woods, lo que hasta hace algunos años habría parecido impropio.

En el ámbito interamericano y regional, ha sido el tema central de Cumbres iberoamericanas y del Grupo de Río, y ha ocupado un lugar significativo tanto en la Cumbre de las Américas de Miami en 1994 como en la de Santiago de Chile en 1998, donde se han fijado ambiciosas metas a lograr para el año 2010. Es así que para ese año los gobiernos de la región esperan asegurar nada menos que el acceso y la permanencia universales del 100% de los menores en una educación primaria de calidad, y el acceso para al menos el 75% de los jóvenes a la educación secundaria –con porcentajes cada vez mayores de jóvenes que culminen la escuela secundaria–. Y prevén poner a disposición del conjunto de la población oportunidades de educación a lo largo de toda su vida, de tal manera que el aprendizaje se torne un proceso permanente.

Diversas comisiones de "cerebros", tales como la encabezada por Jacques Delors, han planteado la centralidad de la educación en el diseño de un futuro deseable. Por otra parte, el discurso y los programas de los presidentes y primeros ministros electos en los últimos años (al menos en Europa y Estados Unidos) atribuyen sistemáticamente a la educación un rol protagónico para avanzar por el camino de la sociedad del conocimiento.[17] Todo esto es más que un tema en boga, pues existen razones de fondo que explican desde diversos ángulos la nueva presencia de la educación en el imaginario político.

Entre las razones de fondo que refuerzan esta imagen de la educación-bisagra cabe destacar las siguientes. Primero, la importancia creciente de la innovación y el conocimiento en las economías hace de la educación no sólo una inversión con alta tasa de retorno, sino un campo que decide sobre el destino futuro de personas y sociedades enteras: o dentro de la revolución de la información, o fuera; o con acceso a trabajos "inteligentes", o recluidas en servicios de bajo componente técnico y bajos salarios; o integradas en redes de circulación del conocimiento, o desamparadas en

---

[17] El caso más emblemático es el de Tony Blair en Gran Bretaña quien la definió como la "pasión" de su gobierno (Tony Blair, *La Nouvelle Grande Bretagne: vers une société de partenaires*, París, Éditions de L'Aube, 1996). También Lionel Jospin señala que "el siglo XXI será el siglo de la batalla de la inteligencia, la innovación; la creación y la cultura serán las claves, educación e investigación las inversiones". (Lionel Jospin, "A ceux qui doutent de la gauche", *Le Nouvel Observateur*, París, 22-28 de mayo de 1997).

la intemperie del analfabetismo cibernético. Segundo, la educación aparece como el principal campo de reducción de desigualdades a futuro y como la vía privilegiada para superar la reproducción intergeneracional de la pobreza. En este punto los argumentos llevan décadas, y se refieren a los círculos virtuosos entre mayor educación, movilidad sociooocupacional y mejores ingresos. Tercero, en un momento histórico en el que tradiciones e ideologías se debilitan y la identidad se convierte en nuevo campo de lucha y de conquista, la educación constituye la base desde la cual repensar críticamente la realidad, idear nuevos proyectos colectivos y aprender a vivir en un mundo multicultural. Finalmente, en un período de profundos cuestionamientos con respecto al funcionamiento de la democracia y sus instituciones, del ejercicio de la libertad individual y de la seguridad ciudadana, se espera que la educación también "eduque en ciudadanía". Esto último no tiene nada de novedoso (educar al ciudadano fue tal vez el sentido original de la educación de masas desde el proyecto de la Ilustración); pero sí son nuevos los contenidos que adquiere el ejercicio de la ciudadanía en la sociedad del conocimiento.

2. La educación en América Latina

La educación ha sido siempre en América Latina un campo desde el cual se construyen las esperanzas del progreso, la democracia y el desarrollo. Desde Morazán en Honduras, Martí en Cuba, Vasconcellos en México, Sarmiento en Argentina, Bello en Venezuela y Chile, la educación en nuestra región fue teñida, en su historia republicana, con el halo propio de la Ilustración. El siglo XIX y los comienzos del XX conocieron un discurso educativo diseminado por América Latina en el que se hacía hincapié en enseñar la sensibilidad occidental-moderna, formar liderazgos para los Estados nacionales, preparar a las masas para el ejercicio de la ciudadanía y generar mayor homogeneidad cultural (lo que hoy se ha convertido en objetivo polémico). Más tarde las ideologías del desarrollo llevaron a una visión más instrumental, pero igualmente central, de la educación en la vida nacional. Mediante el sistema educativo se trataría, entonces, de formar recursos humanos para la industrialización, desarrollar en la población las capacidades de razonamiento operativo y dominio de la lectoescritura (códigos de modernidad) y generar movilidad social ascendente a través de la preparación para el mundo laboral.

Hoy día la región enfrenta un doble reto, dado que América Latina vive a medias en la posmodernidad y a medias en la premodernidad: por una parte, hay que asumir los desafíos que le impone a la educación la emergente sociedad del conocimiento, y que obliga a redefinir currícula, estilos de enseñanza, gestión del sistema educativo y articulación del sistema formal con otras fuentes del conocimiento. Por otra parte, hay que enfrentar problemas endémicos de bajos logros educativos, alta repitencia, tasa de escolaridad baja en educación media en algunas regiones de los países y segmentación social de la calidad de la educación, sobre todo en el corte rural-urbano.

Se evoca con frecuencia la elevación del nivel educacional promedio de la población para indicar que entre 1950 y 1980 la región gozó de un ritmo acelerado de modernización. Por cierto, durante esas tres décadas América Latina realizó un esfuerzo notable de expansión del sistema educativo, si bien con grandes diferencias entre los países de la región. Se redujo fuertemente el analfabetismo absoluto (del 46,5% en 1950 al 12,1% en 1990), se produjo un incremento espectacular en la cobertura básica –que hoy alcanza en promedio al 90% de los niños de entre 6 y 11 años de edad de la región– y hubo una significativa expansión en la educación secundaria y superior.[18] Tal expansión fue un cauce funda-

---

[18] CEPAL/Unesco, *Educación y conocimiento: eje de la transformación productiva con equidad*, CEPAL, 1992, p. 42.

mental de movilidad social durante las tres décadas señaladas. Incluso en el marco recesivo de los años ochenta, y pese a la caída del gasto público en educación y del retroceso de la situación económica de la gran mayoría de las familias, no se frenó la tendencia expansiva de la cobertura del sistema educativo.[19] Piénsese que en promedio para América Latina y el Caribe, en 1960 la tasa de cobertura en educación preescolar era del 24,4%, y en 1992 alcanzó el 17,4%; en el caso de la educación primaria la tasa neta de escolarización, para niños de 6 a 11 años de edad, se elevó del 57,7% al 87,5% en el mismo lapso; en cuanto a la educación secundaria la tasa neta para el grupo de 12 a 17 años pasó del 36,3% al 68,0%; y para la educación superior la tasa neta de escolarización en el grupo de 18 a 23 años se elevó del 5,7% al 25,4%.[20]

La espectacular expansión de la educación primaria provocó a su vez la expansión simultánea (y consecutiva) de la educación media, con tasas

[19] En los noventa se revierte la tendencia y aumenta el gasto público en educación como porcentaje del PIB, pues mientras en el bienio 1990-1991 dicho porcentaje alcanzó el 2,8%, en 1996-1997 se elevó al 3,7%. Entre ambos períodos el gasto anual por habitante creció el 40%, de 87 a 122 dólares (véase CEPAL, *Panorama Social de América Latina, 1998*, ob. cit., p. 28).

[20] Unesco, *Situación educativa de América Latina y el Caribe, 1980-1994*, p. 22.

de crecimiento promedio de la matrícula superiores al 10% anual hasta comienzos de los años setenta. A partir de entonces, la tasa de crecimiento empezó a disminuir y cayó al 4% en los años ochenta. En 1988, el 56% de los adolescentes de 12 a 17 años estuvieron escolarizados, y esa proporción sobrepasó el 70% en siete países. Si bien no se ha llegado a una real masificación de la enseñanza secundaria, la expansión no deja de ser sustancial cuando se la compara con una tasa promedio de escolarización media de apenas el 15% en 1960.[21]

Sin embargo, fue la educación postsecundaria y superior la que experimentó, durante los años de la posguerra, la mayor expansión comparada.

> Así, mientras la tasa de escolarización bruta primaria casi se duplicó, y la secundaria se cuadruplicó, la de nivel superior (jóvenes de entre 18 y 23 años) se sextuplicó, pues subió de 3% en 1960 a casi 19% en 1990. Dicho incremento se debió tanto a la expansión de la demanda social de educación, reflejo en parte del mayor número de egresados de la educación media, como a la alta prioridad que los planes de desarrollo han sabido asignar al fomento del nivel terciario, por lo menos en los años sesenta y setenta. En los ochenta, aunque el ritmo de

---

[21] CEPAL/Unesco, *Educación y conocimiento...*, ob. cit., p. 42.

crecimiento de la matrícula se desaceleró, se mantuvo sin embargo en alrededor del 5% anual. En términos absolutos, los estudiantes de nivel terciario aumentaron de 1,6 millones en 1970 a casi 7 millones en 1988.[22]

Aún más impresionantes resultan estas cifras si consideramos que de 1950 a 1994 la matrícula se multiplicó por 30, por lo que el número de estudiantes pasó de 250.000 a 8 millones.

Las vertiginosas cifras en el incremento de la matrícula de todos los niveles educativos no deben ocultar, empero, las insuficiencias. Éstas provienen de varios flancos. En primer lugar destaca el hecho de que la proporción del gasto público destinado a educación universitaria ha sido muy alto en la región, en detrimento de la inversión en educación primaria y secundaria. Esto ha tenido un carácter regresivo en distribución de beneficios, dado que son alumnos de estratos altos y medio-altos los que llegan a la universidad y se benefician de esta subvención, mientras los alumnos de sectores medio-bajo y bajo acceden a una educación primaria de mala calidad y bajos niveles de inversión en su mejoría.[23]

[22] Ibídem.
[23] Además, la alta inversión pública en la universidad (como porcentaje del gasto público total en educación) no ha ido a investigación y desarrollo (o ciencia y tecnología), por lo cual tampoco se justifica en términos de desarrollo de la frontera productiva.

En segundo lugar, la dinámica interna del sistema educativo privilegió, durante las décadas de expansión intensiva, el incremento de la matrícula por sobre la adaptación de los contenidos de la enseñanza a los cambios en el sistema productivo y a los requerimientos de capital humano. Esta brecha entre la oferta educativa y el progreso técnico en la economía se hizo más clara a partir de los ochenta y comienzos de los noventa, período en el que las reformas educativas empezaron con claro rezago respecto de la difusión del "componente-información" y el "componente-conocimiento" en la competitividad económica y en los desafíos de inserción internacional. A esta escasa articulación se agregan, dentro de un cuadro crítico, otros elementos que se han hecho endémicos en el sistema, como son el deterioro sostenido de la calidad de la educación, las fuertes inequidades en acceso y logro educativo cuando se comparan niveles de ingreso o según el corte urbano-rural, y la altísima tasa de repitencia y de deserción escolar promedio en la región.

Sólo la mitad de los estudiantes que empiezan la primaria en América Latina y el Caribe terminan dicho ciclo. Se estima que la mayoría de los niños ingresa entre los 6 y 7 años a la escuela y que la deserción definitiva se inicia alrededor de los 13 años de edad para el promedio de los países (en Brasil comienza a los 10 años) y alcanza a más del 55% de los alumnos a los 15 años.[24] Si bien el 90% o 95% de los niños accede a la escuela, de los 9 millones de niños que ingresan anualmente a primer grado, alrededor de 4 millones fracasan en el primer año. Uno de cada dos niños repite el primer grado, cada año repiten, en promedio, el 30% de todos los alumnos de enseñanza básica, y el costo adicional de enseñar a los repitentes llega a los 4.200 millones de dólares al año. Además, el aprendizaje resulta muy deficiente, pues los alumnos tienen rendimientos muy por debajo de sus pares de países industrializados en pruebas estandarizadas de lectura, matemática y ciencias. Muchos niños no logran el dominio básico de lenguaje y matemática, y la educación secundaria no equipa a los estudiantes para incorporarse efectivamente en el sector moderno de la economía.

La *educación media* constituye probablemente el segmento educativo que ha acumulado mayor nivel de desfase.[25] Se entiende la educación media en sus dos modalidades: en su versión científico-humanística, como una fase de tránsito hacia la educación superior, y en su versión técnico-profesional, como una formación especializada hacia el ejercicio de un oficio técnico medio en la

[24] Rodrigo Alvallay (coord.), *Universidades: la institución amenazada*, Santiago de Chile, Ed. Chile América, CESOC, 1998, p. 21.

[25] Véase al respecto Ernesto Ottone, *Repensar la educación secundaria*, Unesco, 1996.

industria. En ambos casos hay serios problemas de desfase.

En la primera, porque la masificación le hizo perder su carácter de puente hacia la elite, y hoy en la región sólo uno de cada tres estudiantes de la enseñanza media accede a la universidad. Por ende, al menos dos de cada tres estudiantes transitan un puente cuyo comienzo se conoce pero cuyo destino es incierto. Por ello se puede afirmar con razón que

> el problema genérico de la educación media, promediando la última década del siglo, es el atraso respecto a su sociedad; formas institucionales y curriculares que fueron adecuadas en el pasado hoy no son funcionales, y la práctica escolar en la educación media se muestra en gran medida desconectada de la vida de los jóvenes, de la sociedad y de la cultura en que está inmersa.[26]

Esto explica que

> una investigación por muestra realizada en Chile en 1992 pone de manifiesto que en el último año de enseñanza media, los alumnos no han desarrollado en promedio una capacidad de redactar un texto coherente y ordenado en torno a un tema principal, ni poseen conoci-

[26] Ministerio de Educación, Programa MECE, *Programa de mejoramiento y equidad de la educación media, 1995-2000, fundamentos, estrategias y componentes*, Santiago de Chile, 1994, pp. 12-45.

miento aceptable de la gramática: la comprensión de la lectura sólo alcanzó una media promedio de 60% para el total de la muestra. El rendimiento en matemáticas fue aún más bajo y decreciente entre el primer y el cuarto año de la educación secundaria.[27]

A esto se suman datos que indican una fuerte segmentación social de la calidad y que relativizan los avances de cobertura, mostrando coberturas de diversa calidad y ausencia de cobertura en los grupos y territorios más desfavorecidos en el marco de la reconocida heterogeneidad estructural de la región.

En lo que se refiere a la educación técnico-profesional, su rentabilidad ha sido fuertemente cuestionada, no ha cumplido con sus objetivos respecto del destino tanto ocupacional como educacional de sus estudiantes. Con ello ha pasado a convertirse muchas veces en una educación media de calidad inferior tanto en la entrega de conocimientos básicos como en la formación técnica –esta última resulta atrasada y desfasada en cuanto a las necesidades del mercado ocupacional–. Sin la preparación adecuada, sus egresados pierden toda ventaja en el acceso al trabajo; y en el marco de la actual transformación productiva,

[27] Comité Técnico Asesor del Diálogo Nacional sobre la Modernización de la Educación Chilena designado por S. E. el Presidente de la República, *Los desafíos de la educación chilena frente al siglo XXI*, Santiago de Chile, Ed. Universitaria, 1995.

pierden capacidad de adaptación y movilidad, al punto de que su especialización es más una barrera que una ventaja, con la agravante en muchos casos de no poder continuar en la educación superior.

La *educación superior*, por su parte, atraviesa una prolongada crisis que afecta al conjunto de sus misiones. En cuanto a la formación de profesionales, hay que reconocer que éstos no siempre encuentran su espacio en el mundo del trabajo; como sede de generación de conocimiento, la educación superior en la mayoría de nuestros países pierde cada vez más su centralidad; y como punto de encuentro de formación ciudadana –función en la cual las universidades latinoamericanas tuvieron un papel particularmente importante– hoy día buena parte de la educación superior se ve tensada entre la reivindicación clásica de la universidad politizada y la reivindicación emergente de una universidad restringida al ámbito del conocimiento técnico y sus aplicaciones.

Tanto el componente público como el privado adolecen de serios problemas. Las universidades públicas están sobrepobladas y sobreprotegidas, carecen de evaluación sistemática, malgastan recursos y cuentan con estructuras burocráticas excesivas y ritualistas. Las universidades privadas oscilan entre aquellas de muy mala calidad que recogen al estudiantado que no logra permanecer en las universidades públicas y aquellas otras altamente tecnificadas que se restringen a elites capaces de afrontar sus costos. En ambos casos se evidencia la falta de regulación sobre el sistema de universidades privadas.[28]

Según José Joaquín Brunner

> de subsistir el actual modelo de relaciones entre Educación Superior y Estado es posible prever que ellas se verán afectadas cada año que pasa por mayores e irresolubles tensiones. No aumentará el financiamiento paternal y benevolente sujeto a una fórmula de asignaciones incrementales, continuará deteriorándose el clima moral de las universidades públicas, los intereses corporativos del personal académico se volverán más y más rígidos, y el sistema en general tenderá a reproducir sus bajos niveles de eficiencia interna y su escasa adaptación a los cambios que ocurren en su entorno social, económico y cultural.[29]

Por su parte, Carmen García Guadilla concluye que en la educación superior de América Latina se observan

> por un lado, islotes de instituciones que están avanzando hacia el siglo XXI con diversos grados de confianza, de otro lado, un número indefini-

---

[28] Véase al respecto Agustín Squella, *Relación entre universidades y Estado*, Valparaíso, Ed. Universitaria de Valparaíso, 1996, (30.201 C. 88).

[29] Citado por Agustín Squella en *Relación...*, ob. cit., p. 25.

do de instituciones que están caminando con bastante lentitud, por inseguridad en muchos casos, de no saber hacia dónde se dirigen.[30]

El mapa de la educación superior latinoamericana es, pues, hoy difícil de comprender; profundamente segmentado, en él los diplomas tienen valores muy diversos y la oferta muchas veces frustra hasta las expectativas más modestas.

La suma de todo lo señalado hace que el sistema educativo en su conjunto pase a ser, al mismo tiempo, un mecanismo de integración y de segmentación, desfasado respecto de la dinámica socioeconómica y cultural de los países, e inadecuado frente a las demandas del mercado de trabajo. Además de la ineficiencia del sistema de educación formal, medida principalmente en los altos índices de repitencia y deserción a lo largo del ciclo básico, se constatan otras deficiencias e insuficiencias que los sistemas educativos padecen a lo largo de la región, como: la inequidad en los logros educativos y en las condiciones de acceso de la población al sistema de educación, tanto por la heterogeneidad sociocultural de la demanda como por la diversificación en la calidad de la oferta educativa; la deficiente calidad de la educación formal, debido a anacronismos en los estilos

---

[30] Carmen García Guadilla, *Situación y principales dinámicas de transformación de la educación superior en América Latina*, Caracas, Ed. CRESALC/Unesco, 1996, p. 201.

de enseñanza, falta de pertinencia en los contenidos, deterioro en la formación y el ejercicio docentes, falta de materiales adecuados, y otros factores; la discontinuidad en la asistencia a clases y también a lo largo de los ciclos básico y medio; y la insuficiente y deficiente asignación de recursos dentro del sistema, que impide destinar y focalizar recursos que permitan lograr mayor impacto sobre eficiencia, equidad, calidad y continuidad de la educación.[31]

En lo que se refiere a la investigación y al desarrollo científico-tecnológico, los actuales niveles son claramente insuficientes y heterogéneos. El divorcio entre investigación académica y actividad productiva es muy acentuado. La capacitación y la educación de adultos no guardan sintonía con las perspectivas ocupacionales. Los institutos de capacitación que acompañaron los procesos de industrialización de las primeras décadas de posguerra han perdido pertinencia frente a las transformaciones productivas en curso, rigidizándose y burocratizándose. Finalmente, la capacitación en la empresa se encuentra aún en niveles embrionarios.

---

[31] Piénsese nada más en los ingresos de los profesores, que en promedio alcanzan "sólo a una quinta parte del que obtienen los profesores en los países desarrollados con igual número de años de experiencia y de horas trabajadas" (CEPAL, *Panorama Social de América Latina, 1998*, ob. cit., p. 131).

En este sentido, la CEPAL destaca que,

> no obstante haberse incrementado los recursos destinados a la investigación y desarrollo, el crecimiento de la productividad para 1992 aún no recuperaba el ritmo alcanzado en los años cincuenta y sesenta. Y entre las posibles explicaciones de este fenómeno se argumentaba que el paradigma tecnológico en gestión requiere una aceptación social que supone, a su vez, cambios organizacionales de gran importancia en el nivel de las empresas, las instituciones y las políticas [...] El progreso técnico no es sólo una cuestión de innovación y difusión, sino también de aceptación social,[32]

donde las condiciones económicas, los valores sociales y las actitudes de los agentes que participan en el proceso resultan determinantes.

Por otra parte, la administración y la gestión del conjunto del sistema educativo también enfrentaban problemas graves antes de iniciarse los procesos de reforma de los años noventa. El estilo centralizado, que pudo tener plena funcionalidad cuando se impulsaron la creación y la expansión del sistema, hoy día resulta disfuncional y burocratizado. Padece problemas propios de

---

[32] CEPAL/Unesco, *Educación y conocimiento...*, ob. cit., p. 31. Esto ya puede decirse para la década del noventa en general.

un sistema excesivamente centralista, como son la falta de responsabilidad por los resultados y la falta de flexibilidad para adecuarse a los requerimientos cambiantes de la sociedad.

En 1992 la CEPAL señalaba que si los procesos de reforma en curso no daban un golpe de timón para el año 2000, la región contaría todavía, a fin del milenio, "con un 11% de analfabetos y un 40% de los jóvenes no habrá terminado la enseñanza primaria".[33] El trabajador promedio sin escolaridad primaria completa podría tener, como expectativa media, la perspectiva de un mes de capacitación en su vida laboral. La industria de toda la región, por su parte, sólo podría contar para el desarrollo de nuevos procesos productivos con unos 35.000 ingenieros y científicos en investigación experimental.

Asimismo subsisten otros problemas difíciles como son la fuerte inequidad en el acceso y en los logros; los conflictos gremiales con el principal agente educativo (el docente); la desactualización de la carrera docente; las malas condiciones de salario y trabajo en el ejercicio de la profesión docente (véase el capítulo VI); y los fuertes rezagos, a escala masiva, en modelos pedagógicos y en la pertinencia de los conocimientos y destrezas impartidos. Nada de esto es nuevo, salvo el carácter dramático de los diagnósticos más recientes.

[33] Ídem, p. 77.

Se trata, en el fondo, de problemas estructurales que se han acumulado a lo largo de varias décadas en la región, y que se remontan a la masificación de la educación formal en los países de América Latina y el Caribe. Tales problemas encontraron, además, un ahondamiento en su magnitud por los efectos regresivos que ejerció la "década perdida" de los ochenta en los sistemas de educación pública en América Latina, y por los fuertes retos que la emergente sociedad del conocimiento le impone al sistema de educación formal.

III. La hora de las reformas educativas

Por todo lo anterior, ya a comienzos de los años noventa resultaba clara la necesidad de reformular las tendencias históricamente acumuladas para enfrentar los desafíos del próximo siglo. Era evidente que no se trataba ni de hacer lo mismo que se había venido haciendo, ni de hacer más de lo mismo con más recursos. Se requería una profunda transformación en las orientaciones, que tomara en cuenta algunos desplazamientos del enfoque conceptual que se desprendían tanto de la experiencia de la región como de los países desarrollados, a saber:

– Replantear el rol del Estado, potenciando la orientación estratégica, la regulación a distancia, el impulso de las autonomías y la evaluación de los resultados.

– Incorporar esquemas flexibles de subvención y focalización que permitan al Estado ejercer funciones de compensación y redistribución.

– Avanzar resueltamente en lograr mayor equidad en la calidad de educación ofrecida a distintos segmentos socioeconómicos y en distintos contextos

territoriales (rural-urbano y distintos ámbitos intraurbanos).

— Avanzar, complementariamente, en apoyar el capital cultural de los niños de familias de menores ingresos, para que puedan capitalizar con mejores logros su propio esfuerzo en el sistema formal de educación.

— Pasar de un financiamiento estatal a la movilización de diversas fuentes de financiamiento que incluyan de manera creciente los recursos privados.

— Impulsar instrumentos confiables de evaluación que permitan calificar los sistemas en función de los beneficios que aportan a la economía, la sociedad y la cultura.

— Equilibrar el énfasis de cobertura con el incremento en la calidad y en los logros educativos.

— Revalorizar económica y culturalmente la profesión docente en un esquema claramente meritocrático.

— Generar una nueva relación entre educación, capacitación y empresa, en la que esta última asuma liderazgo en la formación de recursos humanos.

— Promover un esfuerzo conjunto de universidades, empresas y gobiernos para incorporar el conocimiento a la competitividad.

Este cambio de enfoque inspiró el documento CEPAL-Unesco que aquí citamos profusamente[34]

[34] CEPAL/Unesco, *Educación y conocimiento...*, ob. cit.

y que tuvo un impacto considerable en el impulso a las reformas educativas de la región. Tal documento señala la dramática necesidad de un cambio en las orientaciones de política educativa, y una nueva aproximación capaz de conjugar conocimiento con productividad y cambio institucional. Para ello replantea, en primer lugar, el papel del Estado frente a esta tarea, para que sea capaz de orientar de manera sistémica e integradora el sistema educativo, la capacitación y la investigación científico-tecnológica, y de vincular a todos ellos con el sistema productivo. En segundo lugar, plantea que el Estado debe tener una visión estratégica que le permita orientar, regular a distancia, generar políticas, impulsar autonomías y evaluar los resultados sin ahogar la innovación a través de un dirigismo centralizador excesivo. En tercer lugar, el documento advierte que el Estado debe desempeñar un papel insustituible como factor de compensación en términos de equidad, a partir de las heterogeneidades que la mayor autonomía puede acentuar, y ser capaz de movilizar diversas fuentes de financiamiento que incluyan de manera creciente los recursos privados.

Esta tarea requiere también –por su envergadura y por sus plazos– un consenso educativo que abarcara a los diversos actores económicos, políticos y sociales, y generara acuerdos básicos en torno a lo que se debía hacer. Teniendo como base el consenso educativo y una nueva aproximación por parte del Estado, parece viable una propuesta estratégica que ilustrara en el terreno educativo el concepto de complementariedad entre transformación productiva y equidad.

La propuesta estratégica se articulaba en torno a los objetivos de *equidad*, entendidos como igualdad de oportunidades y compensación de las diferencias; de *ciudadanía*, que se refieren a la transmisión de valores y la formación democrática; y de *competitividad*, que apuntan a la adquisición de las habilidades y destrezas para desempeñarse productivamente en el mundo moderno. Criterios complementarios son el *desempeño*, referido a la evaluación de los rendimientos y al incentivo a la innovación; la *integración* dirigida a fortalecer la capacidad institucional de los países, y la *descentralización* orientada a favorecer la mayor autonomía de la acción educativa para asegurar los rendimientos y la responsabilización en relación con los resultados.

La última parte de la década del ochenta, así como toda la década del noventa, han sido escenario de reformas educativas inspiradas por éstos y otros planteamientos similares. Tales reformas han estado marcadas por decisiones públicas dirigidas a producir transformaciones en: los contenidos y procesos de enseñanza, el financiamiento del sistema y los mecanismos de asignación de recursos; el papel educativo reservado al Estado y al mercado; la recapacitación de los docentes; la modernización y descentralización de la gestión educativa; el monitoreo de la calidad de la oferta educativa; el acercamiento de la oferta educativa a las condiciones socioculturales de los beneficiarios y a la demanda posterior de capacidades en el mundo del trabajo. Todos estos componentes de las reformas educativas en curso han apuntado a mejorar la calidad de los procesos de aprendizaje en el sistema de educación básica y media; mejorar la eficiencia y la eficacia en el uso de recursos para la educación; y, por distintas vías, a hacer más equitativo el acceso a una educación de calidad y los mayores logros educativos.

Por cierto, el contenido y el ritmo de las reformas también han dependido fuertemente del perfil educativo de cada país. Esto no sólo alude a niveles de analfabetismo, tasas de escolaridad y logros en continuidad educativa, que pueden variar mucho entre países de la región. Asimismo han influido en las orientaciones de la reforma la infraestructura física y tecnológica de las escuelas, la capacidad y el compromiso docentes, la valoración de la educación formal por parte de la comunidad, las estructuras institucionales que rigen los sistemas educativos y la pertinencia en contenidos y métodos pedagógicos que se utilizan.

Si bien existe un consenso que trasciende la esfera de los gobiernos nacionales respecto de las deficiencias estructurales de los sistemas educativos y la necesidad de actualizar los mismos para lograr mayor equidad, eficiencia y calidad, varían los énfasis en las reformas emprendidas por cada país. Así, por ejemplo, en Bolivia se promulgó en 1994 la Ley de Reforma Educativa, marco para transformar el sistema educativo privilegiando las características culturales y lingüísticas del país, y en Paraguay encontramos esfuerzos importantes en el mismo sentido. La Ley General de Educación de 1994 en Colombia acompaña una reforma que busca incrementar cobertura y superar altas tasas de deserción y repitencia. La reforma educativa de Chile, iniciada a comienzos de la década del ochenta, ha tenido como instrumentos principales la descentralización del sistema, el subsidio a la demanda y la focalización de programas especiales de apoyo. En Costa Rica y en Perú, la reforma busca sobre todo cerrar las brechas entre la calidad de la educación rural-urbana, marginal-urbana y urbana-no marginal, y pública-privada. En Uruguay y en Honduras (países tan disímiles en perfil educativo de la población), existe actualmente una fuerte preocupación por actualizar capacidades docentes.

Tales reformas aún no han sido evaluadas en sus diversos aspectos. Pero cabe reconocer que en la mayoría de los países de la región el gasto social y, en particular, el gasto en educación han aumentado entre 1990 y 1995 en términos reales, y también crecieron como porcentaje tanto del gasto público total como del producto interno bruto.[35] En segundo término, y de igual o quizá mayor significación, en algunos casos se han logrado adelantos notables en la introducción de sistemas de medición de calidad, en la reducción de la repitencia, en la descentralización de la gestión y en la modificación de los programas.

Por otra parte, los procesos de reforma a la educación emprendidos en la región enfrentan diversos obstáculos, tanto técnicos como políticos. Los primeros residen en la dificultad para capitalizar con mayor eficacia el aumento de recursos movilizados en las reformas educativas. Los segundos se relacionan, entre otras cosas, con la resistencia de los profesores a cambios que perciben como externos a su situación laboral y remunerativa; y la resistencia de grupos sociales, sobre todo corporativizados, al aumento de la carga tributaria con destinos sociales, a la redis-

---

[35] Véase CEPAL, *La brecha de la equidad: América Latina, el Caribe y la Cumbre Social*, Santiago de Chile, 1997, capítulo V.

tribución del gasto en educación y, en algunos países, a la descentralización administrativa y financiera.

Una evaluación crítica de los procesos de reforma educativa en curso requiere analizar al menos tres aspectos en los cuales las experiencias desarrolladas hasta ahora resultan discutibles.[36] Uno es el impacto de los procesos educativos en la equidad social, donde la información que se posee parecería indicar que la educación difícilmente puede tener impacto equitativo si no se genera un esfuerzo sistémico para alcanzar niveles básicos de equidad social. En este sentido, por más que se expanda la cobertura, sigue existiendo el problema de la transmisión intergeneracional de la pobreza debido a que los niños de hogares pobres, tanto al inicio del proceso educativo como durante su trayectoria, cuentan con fuertes obstáculos para mantener continuidad a lo largo del ciclo de educación formal.[37] En otras palabras, es necesario abordar un conjunto de variables que incluyen aspectos propios del hogar y su clima educacional, las condiciones diferenciales con que los alumnos acceden a la

---

[36] Véase al respecto, de Juan Carlos Tedesco, *Desafíos de las reformas educativas en América Latina*, Buenos Aires, IIPE, s/f.

[37] Véase CEPAL, *Panorama Social de América Latina*, 1997.

oferta de educación formal, la calidad de la oferta misma y su segmentación entre escuelas públicas y privadas y según entornos socioeconómicos de los establecimientos educacionales. Por lo mismo, la reforma debe focalizar mayor asignación de recursos físicos, monetarios y pedagógicos en zonas donde los logros son más bajos; debe complementar esta focalización con políticas de apoyo a la comunidad y las familias allí donde los recursos educacionales en los hogares son más escasos.

Un segundo elemento es la excesiva uniformidad de la secuencia de la reforma, al haber comenzado en todos los países por la reforma institucional y más específicamente por la descentralización y la creación de sistemas de medición de resultados. Esta opción uniforme en realidades muy distintas ha provocado que algunos actores pierdan de vista el "sentido" de esos procesos y queden en segundo plano estrategias centradas en el cambio pedagógico y políticas dirigidas a la profesionalización docente. Un tercer elemento es la necesidad de definir estrategias de acciones específicas entre la escuela, la familia, los medios de comunicación y la empresa.

La reforma educativa en algunos países de la región, 1996

Racionalidad y énfasis de las medidas		Bolivia	Colombia	Costa Rica	Chile	Paraguay	Perú	Uruguay
	• Incremento cobertura: a) preescolar; b) primaria; c) secundaria	x	x	x		x	x	x
	• Reestructuración de niveles educativos					x		
Morfología sectorial	• Vínculos con educación técnica			x		x		
	• Ampliación de la jornada escolar		x	x	x			x
	• Reducción de tasas de deserción y repitencia			x				

FUENTE: CEPAL, *La brecha de la equidad*, 1997, p. 118.

La reforma educativa en algunos países de la región, 1996 (continuación)

Racionalidad y énfasis de las medidas		Bolivia	Colombia	Costa Rica	Chile	Paraguay	Perú	Uruguay
	• Reformas del curriculum: a) primaria; b) secundaria			X	X		X	X
	• Educación bilingüe (con lenguas indígenas)	X				X		
Contenidos de la educación	• Refuerzo en el aprendizaje de un segundo idioma (inglés)			X				X
	• Informática educativa: a) primaria; b) secundaria			X	X			X
	• Mejora de materiales de apoyo (libros, etc.) y de infraestructura		X	X	X	X	X	X

FUENTE: CEPAL, *La brecha de la equidad*, 1997, p. 118.

La reforma educativa en algunos países de la región, 1996 (continuación)

Racionalidad y énfasis de las medidas		Bolivia	Colombia	Costa Rica	Chile	Paraguay	Perú	Uruguay
Evaluación	• Uso de sistemas de medición de calidad de la educación	x		x	x	x	x	x
	• Evaluación periódica de docentes	x						
Docentes	• Acciones para incrementar docentes graduados y su calidad				x			x
	• Participación de docentes en la reforma					x		
	• Elevación de remuneraciones		x		x	x		
	• Programas de capacitación	x		x			x	x

FUENTE: CEPAL, *La brecha de la equidad*, 1997, p. 118.

La reforma educativa en algunos países de la región, 1996 (continuación)

Racionalidad y énfasis de las medidas		Bolivia	Colombia	Costa Rica	Chile	Paraguay	Perú	Uruguay
Selección de beneficiarios	• Acciones proequidad, tanto de acceso como de calidad			x	x			x
	• Programas focalizados complementarios			x				x
	• Mecanismos de subsidio a la demanda		x		x			

FUENTE: CEPAL, *La brecha de la equidad*, 1997, p. 118.

La reforma educativa en algunos países de la región, 1996 (continuación)

Racionalidad y énfasis de las medidas		Bolivia	Colombia	Costa Rica	Chile	Paraguay	Perú	Uruguay
Descentralización	• Incremento de competencia de las unidades educativas	x			x	x	x	
	• Administración de educación en entidades subnacionales		x		x	x		
	• Descentralización en el ámbito pedagógico				x		x	
	• Promoción de participación comunitaria en la reforma	x	x			x		

FUENTE: CEPAL, *La brecha de la equidad*, 1997, p. 118.

Los procesos en curso de reforma educativa tienden a coincidir en la prioridad asignada al logro de una educación básica universal y de buena calidad, y a la extensión progresiva del acceso de la población a educación prebásica, en un extremo, y secundaria, en el otro. Esta prioridad asignada a la educación básica revertiría la tendencia histórica a privilegiar la educación terciaria en el gasto público en educación, y constituye un cambio decisivo para promover mayor equidad desde el sistema educativo.

En relación con la *educación media*, las reformas se orientan a la expansión de la matrícula, la actualización curricular y, muy especialmente, a la mayor flexibilidad dentro del sistema.

Tal flexibilidad deberá permitir que esta fase educativa tenga una profunda capacidad de abrirse a la velocidad de los cambios existentes en nuestras sociedades, adaptándose y renovándose continuamente. La flexibilidad como elemento articulador deberá impedir la cristalización de dualismos que en la vida real ya no funcionan y que han originado opciones separadas y sin puentes entre sí (educación humanista-científica o técnica-profesional). Deberá impedir también opciones terminales que hagan elegir de manera temprana y definitiva entre el mundo del trabajo y la continuación en la educación superior. Por el contrario, se requieren hoy muchas interconexiones adaptables al cambio, y las posibilidades de idas y regresos permanentes entre sistema productivo y sistema educativo. Se trataría entonces de

> ofrecer un núcleo educacional mínimo centrado en torno al desarrollo de las competencias esenciales adquiridas durante el ciclo de la educación general y una experiencia de preparación para la vida de trabajo, junto con ofrecer diversidad de opciones intercomunicadas entre sí –que permitan al alumno elegir entre cursos de diverso tipo y orientación manteniendo abiertas las posibilidades de cambio de programas y sobre todo de poder en el futuro seguir estudiando en el nivel superior o incorporarse al mundo laboral.[38]

A partir de lo anterior, la gestión educativa debería traducir esa flexibilidad en proyectos educativos con exigencias comunes y énfasis de orientación diversa, con vocaciones institucionales que tomen en cuenta su entorno y desarrollen el máximo de pertinencia de la acción educativa. La diversidad que debe generar esta flexibilidad supone, al mismo tiempo, un esfuerzo público por asegurar un núcleo de calidad común y debería tender a evitar la actual segmentación. Y exige generar las mejores condiciones para poder compensar al máximo las diferencias de clima educacional de los hogares,

[38] Véase *Los desafíos de la educación chilena...*, ob. cit., p. 93.

cuya importancia en los resultados se ha demostrado fundamental.[39]

En relación con la *educación superior*,

> se requiere de un pacto entre el Estado y las universidades públicas, de un pacto que ponga fin al monólogo de las universidades que dicen al Estado: "Déme más recursos para hacer lo que nos corresponde hacer", y al monólogo a su vez del Estado que dice a sus universidades: "Modernícense y luego veremos qué recursos adicionales les entrego". Como parte de ese pacto las universidades públicas no podrán ya declararse como sitios de excelencia, sino que tendrán que probar que efectivamente lo son.[40]

El sistema universitario enfrenta, además, un cambio institucional importante en la medida en que se reformula el "mix" público-privado. En este nuevo escenario impulsado desde la década del ochenta es imprescindible corregir imperfecciones tanto del lado público como del privado.

---

[39] Véase al respecto el documento de la CEPAL *Rol estratégico de la educación media para el bienestar y la equidad*, Santiago de Chile, abril de 1996 (LC/G 1919). Allí se señala que, entre todas las variables que inciden en el rendimiento educativo de los alumnos, el clima educacional del hogar es la más importante. Este clima educacional está sobre todo determinado por los años de escolaridad de los padres.

[40] Agustín Squella, "Las universidades públicas en las últimas décadas: de la sobreprotección a la amenaza", en *Revista del Cuadragésimo Cuarto Aniversario de la Universidad Austral de Chile*, 1998, p. 31.

En cuanto a lo primero, el Estado no puede renunciar a su responsabilidad central en asegurar la continuidad de las universidades públicas con financiamiento estatal (y distintas modalidades de aporte de los usuarios). Muchas de estas universidades han tenido un papel histórico en la formación de las elites republicanas que construyeron las naciones latinoamericanas y así como un rol muy central como factor de integración social y cultural; por ello su debilitamiento en los tiempos actuales tendría graves consecuencias tanto en términos de la capacidad científica y tecnológica de nuestros países como en cuanto a la equidad y la ciudadanía. Sin embargo para no perder su centralidad histórica requieren urgentes cambios que permitan potenciar su patrimonio acumulado de conocimiento, como la base desde la cual avanzar en el desarrollo de la investigación en los distintos campos de las ciencias. Lo que se necesita aquí es un esfuerzo por actualizar sistemas de producción y recolección de conocimientos, un sistema efectivo de evaluación de la calidad de la docencia y la investigación, una mejor articulación con el sistema universitario internacional y sistemas de financiamiento que incluyan, de maneras flexibles y adaptables, el aporte de otros actores (empresas, los propios alumnos y sus familias, fundaciones).

> En otras palabras, las universidades públicas tendrán que adoptar criterios objetivos que les permitan medir constantemente los niveles de

calidad que alcancen tanto institucionalmente como en cada uno de sus programas de pre y posgrado. La universidad pública de los tiempos por venir será entonces una universidad acreditada, esto es, sometida a un control de calidad que ella misma debe introducir desde ya, porque muy pronto tendrá que someterse a controles externos y públicos de su rendimiento, a cuyos resultados se vinculará la asignación de recursos fiscales a las instituciones universitarias.[41]

En cuanto a las universidades privadas, es necesario promover su desarrollo porque aportan una masa considerable de recursos privados a la educación superior, dado que la diversidad de la oferta garantiza diversidad de enfoques y porque la competencia por captar alumnos puede ser un instrumento para elevar la oferta educativa. Pero no es posible dejar al arbitrio de las propias universidades privadas la determinación de su calidad como ofertante de educación superior. Los mismos criterios y sistemas de evaluación de calidad que se aplican en las universidades públicas deben también regir para las privadas. El Estado debe contar, en este marco, con el poder de regular sobre los mínimos aceptables para la educación superior, pública o privada. Estos mínimos incluyen tanto mínimos programáticos de la do-

[41] Ídem, p. 32.

cencia, como mínimos de calidad en los profesores, mínimos en materia de investigación, mínimos en infraestructura de acceso a conocimientos, y mínimos en la gestión administrativa y financiera de las instituciones universitarias.

El sistema universitario debe también operar como red, o bien como cabeza de red para incrementar sustancialmente las actividades de investigación y desarrollo –o de ciencia y tecnología–. En este campo en el que día a día los países de la región pierden posiciones relativas frente al mundo industrializado, es necesario un esfuerzo conjunto. Pero dicho esfuerzo requiere una universidad pública con capacidad de liderazgo, o como lugar desde el cual se construye un esquema coordinado en el que participan también las universidades privadas, el sector empresarial, el sistema estatal de fomento al desarrollo productivo y el llamado "tercer sector" (fundaciones, agencias internacionales, etcétera).

IV. La educación, eslabón de la equidad, la competitividad y la ciudadanía[42]

Hemos dicho antes que la incidencia del conocimiento en la competitividad (a escala global y local) convierte a la educación en una palanca decisiva para el desarrollo. La difusión de destrezas pertinentes y la formación de recursos humanos constituyen el eje articulador de los cambios productivos, la participación ciudadana y la movilidad social.

El papel central de la educación para reducir la pobreza, promover el ejercicio ciudadano, proteger a los grupos de mayor vulnerabilidad social y promover mayor equidad en el acceso a oportunidades de bienestar cuenta con la ratificación de grandes consensos globales. Tales son los casos de la Declaración Mundial sobre Educación para Todos (Jontiem,

---

[42] Este capítulo se basa de manera bastante literal en el texto *Educar para una democracia moderna*, escrito por Ernesto Ottone y Martín Hopenhayn.

1990); la Cumbre Mundial en Favor de la Infancia (septiembre de 1990), cuya expresión regional es el Compromiso de Nariño (abril de 1994); la Cumbre Mundial para el Desarrollo Social (Copenhague, marzo de 1995), entre otros. Además se ha considerado prioritario el aporte de la educación a estos objetivos en las cinco cumbres presidenciales iberoamericanas realizadas hasta 1995: Guadalajara (1991), Madrid (1992), Salvador de Bahía (1993), Cartagena de Indias (1994), Bariloche (1995), y la Cumbre Hemisférica de Miami (1994).

¿Qué acervo educativo y qué capital cultural son los más idóneos para potenciar un modelo de desarrollo en el que se concilien saltos productivos con incorporación acelerada de valor agregado a la economía, modernización institucional del Estado (político, de manejo macroeconómico y de gestión de política social), apertura competitiva a la economía global, mayor equidad social en la forma de la apertura y del crecimiento, un ejercicio más difundido de la ciudadanía, en una sociedad que incorpora dinámicamente los nuevos elementos de comunicación e información?

Al plantear la pregunta en estos términos, su respuesta –si la hay– supone conjugar, como esencia y producto del proceso educativo, los siguientes rasgos en el educando: un sujeto capaz de insertarse oportunamente en la globalización económica y en los intensos procesos de cambio productivo, capaz de dialogar activamente en espacios decisorios y capaz de ejercer sus derechos políticos en una democracia participativa. Capacidad para insertarse con mejores ingresos en el mundo laboral, capacidad de gestión y organización, capacidad para discernir información estratégica, capacidad para comunicar en espacios públicos, capacidad para aplicar conocimientos básicos con fines productivos: todas estas son destrezas o códigos que la educación debe estar hoy en condiciones de infundir. En la misma dirección, Robert Reich señala que la educación que prefigura las funciones de futuro deberá generar capacidad de abstracción, desarrollo de un pensamiento sistémico complejo e interrelacionado, capacidad de experimentación y de colaboración, trabajo de equipo e interacción con los pares. En suma, una educación fluida e interactiva que configura una mente escéptica, curiosa y creativa.[43]

Así entendida, la educación puede efectivamente contribuir, en su calidad de eslabón, a generar las sinergias necesarias entre dinamismo productivo, bienestar social e institucionalidad democrática. Ya no es cuestión de pensar el de-

---

[43] Robert Reich, *The Work of Nations*, Nueva York, Alfred Knap, 1991.

sarrollo en la lógica del chorreo o *trickle-down*, sino en una perspectiva integrada donde el desarrollo social no puede divorciarse de la transformación de las estructuras productivas; donde dicha transformación requiere también un salto en la educación y producción de conocimientos; y donde, finalmente, esos mismos saltos en educación, impulsados con criterios de equidad en acceso y oferta educativa, son fuente directa de mayor desarrollo social.

Para ello conviene reflexionar a la vez en torno a tres preguntas clave sobre el eslabón educativo. ¿Podrá la transformación educativa contribuir a generar sociedades más equitativas con una mayor integración social, con igualdad de oportunidades para todos sus integrantes y con capacidad de superar la transmisión intergeneracional de la pobreza? ¿Será la transformación educativa capaz de contribuir a generar sociedades más productivas, con mayor capacidad de insertarse de manera protagónica en el nuevo orden globalizado? ¿Será la transformación educativa capaz de contribuir a generar sociedades de una ciudadanía extendida, de consolidar en el tiempo sistemas democráticos y participativos? En torno a estos interrogantes giran las consideraciones que siguen.

1. El desafío de la equidad

Aun en una estructura ocupacional con grandes diferencias de ingreso, es posible aumentar la equidad si se aumenta la igualdad de oportunidades entre hijos de familias de estratos altos, medios y bajos, para acceder a mejores puestos de trabajo. Una mejor distribución de activos simbólicos hoy (como son los conocimientos y destrezas útiles), siembra una mejor distribución de activos materiales mañana (ingresos, bienes y servicios). Los activos simbólicos son capacidades que, transmitidas de manera equitativa, permiten centrar la competitividad futura sobre la base de mayor igualdad en las opciones para competir. En este mismo sentido, la CEPAL y el Instituto Interamericano de Derechos Humanos (IIDH) señalan que

> en las sociedades modernas en general, y en aquellas en que la asignación de recursos se rige por mercados competitivos en particular, el acceso a ciertos bienes sociales como la educación, la salud, la información, la capacidad laboral, y así en adelante, tienen sentido no sólo como consumos finales, sino como posibilidades capacitantes para obtener otros recursos de manera autónoma incluyendo por cierto los consumos esenciales.[44]

[44] CEPAL/IIDH, *La igualdad de los modernos: reflexiones acerca de los derechos económicos, sociales y culturales en América Latina*, 1997, p. 41.

Dicho de otro modo, la integración simbólica compensa de alguna manera la fuerte desigualdad en acceso a bienes materiales. Esta idea se inscribe en un concepto en boga, a saber, el de "igualdad compleja". La idea que le subyace es que las desigualdades no se dan homogéneamente en todos los terrenos. Así, por ejemplo, tanto la educación como el consumo de medios de comunicación de masas serían ámbitos donde no se reproduce, al menos en el mismo grado, la brecha de inequidad que sí se da en el ámbito de los ingresos y gastos familiares. Igualdad compleja significa, pues, que no somos "igualmente desiguales" en todo, y que por lo mismo se abren campos menos desiguales desde los cuales remontar la desigualdad en los campos más críticos. De modo que si en la educación y el consumo cultural (de los medios) tiende a democratizarse el acceso a información y conocimiento, esto capacita a sectores de menores ingresos para competir luego, con mayores posibilidades de movilidad, en aquellos subsistemas más estratificados, como son el mercado del trabajo y el poder.

De allí la importancia decisiva de la educación, como activo simbólico, sobre la equidad. Visto desde esta perspectiva, un desafío pendiente subyace a todas las reformas, a saber, el impacto potencial de las mismas sobre la equidad en la oferta educativa, en el rendimiento escolar y en las posibilidades de inserción productiva a futuro. Criterios emergentes como la descentralización, el subsidio a la oferta con criterios de demanda (como el uso de *vouchers*), el financiamiento compartido y las reformas curriculares, si bien pueden garantizar mayor eficiencia en el uso de recursos, no aseguran mayor equidad en educación. Para esto último se requiere mayor impacto sobre los logros educativos en los sectores pobres, lo que implica trabajar tanto sobre las condiciones de la oferta educativa como sobre las de la demanda. La equidad exige aquí un doble desafío. Por un lado, es necesario intervenir en el sistema formal de educación para hacer menos segmentada la calidad de la educación que se ofrece entre distintos estratos sociales. Y por otro lado, implica apoyar las condiciones de demanda de los sectores más desfavorecidos, vale decir, las condiciones de acceso al sistema educativo en los sectores más rezagados y las posibilidades que tienen dichos sectores para capitalizarse a través del sistema.

Esto parece requerir un conjunto diversificado de políticas que cada país debe calibrar a la medida de sus propias inequidades. En este menú es posible encontrar ya elementos recurrentes orientados a favorecer a los grupos más vulnerables: extender medidas compensatorias hacia zonas de menor rendimiento escolar; generar programas intersectoriales que tengan un impacto más sistémico sobre las condiciones de acceso de los pobres a la educación formal; reforzar e incrementar los programas focalizados cuyo apoyo al rendimiento educativo de los grupos más vulnerables logre efectos sostenidos en el tiempo y movilizar a la propia comunidad para mejorar las condiciones de la demanda educativa de los pobres.

El apoyo para mejorar logros educativos en los sectores pobres es prioridad en materia de equidad social, y los resultados se miden sobre todo en términos de continuidad educativa de aquellos grupos que más tienden a los bajos logros. Dicha continuidad se expresa en tres aspectos: asistencia efectiva a clases, progresión efectiva a lo largo del proceso (minimización de la repitencia) y permanencia en el sistema (minimización de la deserción). En esta materia son fuertes los contrastes con respecto a continuidad si se comparan niños y jóvenes por nivel de ingreso familiar, y especialmente contrastantes son los índices rural *vs.* urbano.

Lamentablemente, al respecto la región muestra un contraste entre altas tasas de ingreso al sistema y baja continuidad en él hasta el final de la enseñanza secundaria, con altos niveles de repitencia, deserción e inasistencia escolar concentrados en las zonas más deprimidas o dispersas, y en las familias con menores ingresos. Ya dijimos que sólo la mitad de los estudiantes que ingresan a la educación primaria terminan dicho ciclo en la región. Esto es tanto más problemático si se considera que, conforme a estimaciones de la CEPAL, actualmente se requieren como promedio para la región al menos 10 a 11 años de educación formal, para contar con el 90% o más de probabilidad de no caer (o no seguir) en la pobreza.[45] Asimismo, sólo 2 años menos de estudio implican alrededor del 20% menos de ingresos durante toda la vida activa.

Los esfuerzos e inversiones destinados a incrementar la continuidad educativa serán eficientes y eficaces en más de un sentido.

Primero, porque optimizan el uso del gasto de inversión en cobertura educativa aumentando el logro promedio, el uso real de la oferta escolar a lo largo del año y la inversión anual en educación, imprimiendo mayor eficiencia al conjunto del sistema educativo.

Segundo, porque dado que la discontinuidad educativa más aguda se da en los grupos más vulnerables (pobres y, sobre todo, pobres rurales), el apoyo a la continuidad beneficia a estos grupos y tiene, por ende, un sesgo redistributivo progresivo.

Tercero, porque existen significativos retornos intergeneracionales de la mayor continuidad educativa, dada la alta incidencia del nivel

---

[45] Véase CEPAL, *Rol estratégico* ..., ob. cit.

educativo de los padres en el rendimiento educativo de los hijos. Mejorar por esta vía el clima educacional de los hogares cuyos jefes futuros serán los actuales educandos produce un efecto favorable en el desempeño educacional de niños y jóvenes de la próxima generación, reduce los niveles de deserción y repetición y aumenta la cantidad y oportunidad de los años de estudio cursados.

Cuarto, existe una evidente correlación entre mayor educación de las mujeres pobres y mejores condiciones de salud de sus familias a futuro, pues la escolaridad de las mujeres es determinante en reducir la mortalidad y morbilidad infantiles, mejorar la salud y nutrición familiares, y disminuir las tasas de fecundidad.

Es necesario tener en claro al respecto que al examinar el número promedio de años de estudio tanto de los jefes como del conjunto de los miembros del hogar ocupados, se advierte un alto grado de correspondencia entre la distribución del ingreso y la distribución de la educación. Es decir, a mayor nivel de educación, mayor nivel de ingresos percibidos. Lamentablemente,

> el 80% de los jóvenes urbanos proviene de hogares en que los padres presentan un capital educativo insuficiente (menos de 10 años de estudio) y de un 60% a un 80% de ellos no alcanza el umbral educativo básico para acce-

der al bienestar, que actualmente exige, dependiendo de los países, alrededor de 12 años de estudio.[46]

Esto significa que aproximadamente entre el 48% y el 64% de los jóvenes latinoamericanos de zonas urbanas ven restringidas sus oportunidades futuras ya en su hogar de origen –siendo aún más crítica la situación de los jóvenes que viven en áreas rurales–... Esta elevada proporción de jóvenes que heredan una educación insuficiente, se traducirá a lo largo de su vida en empleos mal remunerados, lo que prefigura desde ya limitaciones a sus oportunidades de bienestar y a la de los hogares que formen.[47] Así, según el país de que se trate, entre el 72% y el 96% de la familias en situación de pobreza o indigencia tienen padres con menos de nueve años de instrucción en promedio. Es así como las personas que provienen de hogares con escasos recursos suelen cursar 8 años o menos de estudio y en general no superan la condición de obrero u operario con un ingreso mensual promedio cercano a 2,5 líneas de pobreza e insuficiente para asegurar el bienestar familiar. Por el contrario, quienes crecen en hogares con más recursos por lo general cursan 12 o más años, lo que les permite desempeñarse como pro-

---

[46] CEPAL, *Panorama Social de América Latina, 1997*, p. 59.
[47] Ídem, p. 143.

fesionales o técnicos o en cargos directivos, o bien en ocupaciones de categoría no inferior a empleado administrativo o vendedor con un ingreso promedio mensual superior a 4 líneas de pobreza.[48]

La persistente inequidad en el acceso a la educación, asociada al estrato social de origen, indica que en gran medida las oportunidades quedan fijadas en el patrón de desigualdades prevaleciente en la generación anterior. Esto se traduce en un alto grado de rigidez de la estructura social, debido a que el escaso nivel de educación alcanzado por muchos jóvenes bloquea su principal canal de movilidad. Más aún, esta desigualdad limita seriamente las posibilidades de mejorar la distribución del ingreso en el mediano plazo, debido a que el capital educacional (número de años de estudio y calidad de la educación) constituye para una importante mayoría el principal recurso de inserción laboral y movilidad social a futuro.[49]

Lo anterior pone en evidencia el papel crucial de la educación para superar la reproducción intergeneracional de la pobreza. En esto, el impacto educativo es triple: mejora el clima educacional de hogares futuros y con ello el rendimiento educativo de las futuras generacio-

[48] Ídem, p. 74.
[49] Ídem, p. 65.

nes, mejora la salud reproductiva e infantil y permite mayor movilidad socioocupacional ascendente en quienes egresan del sistema educativo. A mayor nivel de educación formal, menor probabilidad de ser pobre o devenir pobre. Más aún, la educación constituye el principal resorte para superar tanto la pobreza como las causas estructurales que la reproducen: baja productividad en el trabajo, escaso acceso a las herramientas de la vida moderna, marginalidad sociocultural, mayor vulnerabilidad en la salud de las familias, y discontinuidad y bajos logros en la educación de los hijos.

Las probabilidades de superar condiciones de pobreza por vía de la educación aumentan conforme la población adquiere más y mejor educación formal. De allí que la continuidad educativa a lo largo del ciclo básico y medio de educación formal constituye el principal resorte para hacer de la educación el instrumento más eficaz para superar la pobreza. Tanto más importante resulta privilegiar dicha continuidad dados los altos niveles de repitencia y deserción escolar que padecen los niños en la región, y dado, sobre todo, el alto índice de niños de familias pobres en el total de desertores. Con ello se reproduce el círculo vicioso de la pobreza de una generación a la siguiente. En el quiebre de ese círculo está la clave de una respuesta eficiente al desafío de la equidad.

En la experiencia latinoamericana reciente se puede advertir que el aumento generalizado del número promedio de años de estudio, tanto de los jefes de hogar como de los miembros ocupados del hogar, ha sido, para el período examinado (1987-1996), de seis meses a un año aproximadamente. Con este índice no basta para influir sustancialmente en la distribución del ingreso. En consecuencia, y siguiendo a Juan Carlos Tedesco, hay que mirar también la ecuación educación-equidad desde el lado opuesto:

> es necesario considerar que si bien la educación es un factor de equidad social, ciertos niveles básicos de equidad social son necesarios para que sea posible educar con posibilidades de éxito [...] no se trata solamente de preguntarnos cuál es la contribución de la educación a la equidad social sino, a la inversa, ¿cuánta equidad social es necesaria para que haya una educación exitosa?[50]

Porque "por debajo de la línea de subsistencia, los cambios institucionales o pedagógicos tienen un impacto muy poco significativo en los resultados escolares".[51]

De manera que la noción misma de equidad en educación es compleja, y puede desglosarse en

[50] Juan Carlos Tedesco, *Desafíos...*, ob. cit., p. 2.
[51] Ibídem.

varios sentidos. En primer lugar, puede hablarse de *equidad intrasistema*, lo que alude al grado de homogeneidad en la calidad (aunque no necesariamente en los contenidos) de la oferta educativa entre establecimientos de educación básica localizados en distintos estratos socioeconómicos y en distintos contextos espaciales. En segundo lugar, puede hablarse de *equidad presistema*, lo que alude a cierta homogeneidad en la capacidad para absorber la oferta educativa de usuarios que llegan al sistema desde muy variadas condiciones ambientales, familiares y culturales. En tercer lugar, puede hablarse de *equidad postsistema*, en alusión a la distribución de capacidades para la inserción productiva y para el desarrollo social y cultural, que alumnos de distintos orígenes socioeconómicos tienen una vez que egresan del sistema educativo. Esta última es importante si se considera que cuando se logra mejorar la equidad intrasistema, vale decir, cuando se reduce la brecha en logros educativos según grupos socioeconómicos, las diferencias en opciones a empleos productivos pueden darse según las redes de contacto y de pertenencia de los egresados. Esto vuelve a discriminar a aquellos alumnos o grupos de alumnos que, si bien logran buenos resultados educativos, carecen de filiaciones sociales que les permitan tener los contactos para acceder a empleos que les representen mayor movilidad social.

Las reformas educativas en curso apuntan básicamente a mejorar la equidad intrasistema, nivel que es más susceptible de ser abordado por las políticas educacionales. Pero debe reconocerse que también hay avances en la equidad presistema, fundamentalmente, a través de los programas de educación bilingüe, de mayor acceso al sistema para la población asentada en zonas rurales y de participación de la comunidad, que remueven obstáculos para el acceso al sistema. En cuanto a la equidad postsistema corresponde destacar los esfuerzos que algunos programas en curso realizan buscando brindar alternativas, tanto en la escuela básica como en la media, de salida no terminal y de continuación de los estudios en variantes de educación técnica.

Estos distintos aspectos de la equidad, y los distintos aspectos de la calidad de la educación, suelen encontrar los mismos protagonistas en sus niveles más bajos: quienes tienen carencias en un aspecto también son carentes en otros aspectos. La población que padece las peores condiciones extrasistema también está en los niveles más precarios del metasistema, del intrasistema, y del acceso a saberes funcionales. Esto no es inexorable, pero sí existe la tendencia. Las carencias se dan sistémicamente y se refuerzan unas a otras, y con ello se crean los círculos viciosos de la pobreza y la privación. De allí que el impacto de las políticas proequidad en educación *depende en gran medida de que se vayan superando complementariamente las carencias en los distintos frentes*. Pero también, e inversamente, el mejoramiento de un aspecto de la calidad de la educación (por ejemplo lo que ocurre dentro de la sala de clases) puede irradiar positivamente hacia otros aspectos (por ejemplo, el capital cultural en la familia). Así, una política proequidad en educación debe detectar los grupos vulnerables que padecen *distintas formas de mala calidad formativa*; pero asimismo tiene que localizar los grupos vulnerables que padecen una situación *especialmente crítica dentro de cualesquiera de estos aspectos* (rezago intraescolar, precariedad extraescolar, etcétera).

La equidad no implica igualdad en el desempeño, sino en las oportunidades que el medio ofrece para optimizar el desempeño. Las potencialidades de aprendizaje no son homogéneas, incluso en un universo con condiciones socioculturales uniformes en la partida y en el proceso. La equidad implica, pues, dar oportunidades a todos los educandos para desarrollar sus potencialidades, y para lograr el mejor uso productivo y de realización personal de esas potencialidades a futuro.

Tanto el aumento de la equidad como el de la calidad de la educación requieren hoy esfuerzos sistémicos y sostenidos en el tiempo. Pero a menor calidad, o a mayor número de variables de calidad que requieren abordarse, más sistémico y sostenido debe ser el esfuerzo, toda vez que se aspire a incrementos sostenidos en el largo plazo. Además, es en los niveles más rezagados donde un mayor número de variables incide negativamente en la calidad educativa. De esto se infiere que una política educativa proequidad tiene que establecer una relación inversamente proporcional entre las *capacidades educativas preexistentes en un grupo determinado* y la *comprensividad, duración e intensidad* de la política orientada a elevar la calidad de dicho grupo.[52]

2. El desafío de la competitividad

La merma en la capacidad de los sistemas productivos para generar empleo suficiente es un fenómeno de carácter global y sobre ello la literatura se expande día a día. Por cierto, el problema tiene en la región sus características específicas y distintas de las que se observan en países industrializados con graves problemas de desempleo. Esto, dado que el tipo de reestructuración

---

[52] Si por un lado es cierto que, en un nivel más bajo, "con poco se puede hacer mucho", también es cierto que, en esos mismos niveles, "en poco tiempo, mucho se deteriora".

productiva que siguió a los ajustes, los cambios de los precios relativos y la liberalización comercial, no ha incidido en generar más empleo en los sectores más productivos. La mayor parte de los nuevos puestos de trabajo que se crean en la región corresponden al sector informal y son de baja productividad, a la vez que requieren bajos niveles de capital humano.

Complementariamente, se observa una relativa concentración del desempleo en los deciles de menores ingresos, reforzando el círculo vicioso que une la pobreza al desempleo. Sin duda la educación constituye una de las principales áreas de intervención para cortar este círculo vicioso. Pero se requiere un esfuerzo intensivo en la transmisión de destrezas productivas pertinentes en los sectores de menores ingresos. Para esto el sistema educativo deberá institucionalizar un estrecho vínculo con la dinámica de los mercados de trabajo, incorporando como coagente al sector empresarial y contribuyendo significativamente a la movilidad ocupacional de los sectores más rezagados. Esto implica expandir posibilidades de acceso al empleo productivo a través del mérito, revalorizando la credencial educativa y disminuyendo la actual segmentación en la calidad de la educación.

Por otra parte y de acuerdo con estimaciones de la CEPAL, resulta más oportuno invertir en recursos humanos dentro del ciclo medio de educación formal que tener que hacerlo más tarde en programas compensatorios de capacitación. Baste mencionar que

> los programas de educación para adultos, que buscan suplir cuatro años de educación secundaria, aun reduciendo el ámbito de formación, entrañan costos que en general duplican, triplican y a veces quintuplican los costos de cursos regulares de la enseñanza media.[53]

De modo que resultan mucho mejores, en el cálculo de costos y beneficios y en el manejo de los tiempos en el ciclo productivo de las personas, las inversiones en capital humano que se concentran en el sistema de educación formal.

Además, resulta necesario impulsar la creatividad en el acceso, la difusión y la innovación en materia científico-tecnológica. Se trata en este terreno de: a) generar fuertes vínculos entre la actividad de investigación y la actividad productiva con vistas a desarrollar la adquisición eficiente de tecnología extranjera para reducir la brecha entre la mejor práctica local y el nivel internacional; b) usar y difundir la tecnología de manera eficiente, especialmente para reducir la dispersión de la eficiencia económica entre empresas en diferentes sectores y entre sectores; c) mejorar las tecnologías para mante-

---

[53] CEPAL, *Rol estratégico...*, ob. cit., p. 3.

nerse al día con los avances más recientes, y d) formar los recursos humanos capaces de llevar a cabo lo anterior.

Cabe también señalar el efecto virtuoso sobre la competitividad en el interior del propio proceso educativo: alumnos mejor educados serán, en la próxima generación, quienes constituyan un clima educacional en el hogar que dará ventajas a sus hijos en el rendimiento educativo. De modo que en este punto se dan significativos retornos intergeneracionales, dada la alta incidencia del nivel educativo de los padres en el rendimiento educativo de los hijos. Mejorar por esta vía el clima educacional de los hogares cuyos jefes serán los actuales educandos produce un efecto favorable en el desempeño educacional de niños y jóvenes de la próxima generación, reduce los niveles de deserción y repetición, y aumenta la cantidad y oportunidad de los años de estudio cursados. Este hecho es tanto más importante por cuanto la información disponible revela que el capital educacional incide más que la capacidad económica del hogar en el rendimiento educativo de los hijos, aun en los estratos de bajos ingresos.

Resulta también necesario impulsar la creatividad en el acceso, la difusión y la innovación en materia científico-tecnológica. Se trata en este terreno de generar fuertes vínculos entre la actividad de investigación y la actividad productiva, con vistas a desarrollar la adquisición eficiente de tecnología extranjera para reducir la brecha entre la mejor práctica local y el nivel internacional, de usar y difundir la tecnología de manera eficiente, especialmente para reducir la dispersión de la eficiencia económica entre empresas en diferentes sectores y entre sectores, de mejorar las tecnologías para mantenerse al día con los avances más recientes y de formar los recursos humanos capaces de llevar a cabo lo anterior.

En lo que se relaciona con contenidos educacionales, la competitividad actualmente no se materializa tanto en adquirir conocimientos enciclopédicos o de oficio, sino en incorporar capacidad para generar y procesar información, y para adaptarse a los cambios en los procesos productivos.

Un desarrollo cuya competitividad se centra en los recursos humanos, y que además supone sociedades altamente organizadas y consensuadas en torno a proyectos de desarrollo, requiere grandes saltos educativos. Pero no sólo es cuestión de aprender más, sino distinto. Es necesario adquirir las destrezas que se precisan actualmente para incorporarse de manera creativa en las nuevas formas de producción y para participar con racionalidad comunicativa en espacios de negociación y de toma de decisiones.

En la actual sociedad del conocimiento, gran parte de la adquisición de información y comunicación transcurre fuera de cualquier estructura organizada o institucional y, por ende, de la escuela. Tal proceso ocurre mediante una interacción creciente en el mundo de las comunicaciones, incluyendo los medios de masas y de redes. El sistema educativo debe recrearse y fortalecerse a partir de esta realidad para ganar relevancia y pertinencia. De lo contrario las personas buscarán habilidades y conocimientos fuera del sistema formal, probablemente de modo desordenado y aleatorio. El sistema educativo sólo puede, pues, retomar su centralidad en la medida en que incorpore a tiempo el lenguaje de las nuevas tecnologías y refuerce por esa vía una propuesta para formar a los individuos en destrezas indispensables para desempeñarse en ocupaciones competitivas, pero también para incrementar su capacidad de comunicación, de gestión y de producción de conocimientos útiles para sus propios proyectos de vida. La difusión de lenguajes informáticos, y la familiaridad con las nuevas formas de producir, seleccionar y usar información resultan capitales en este sentido.

Así entendida, la educación puede efectivamente contribuir, en su calidad de bisagra, a generar las sinergias necesarias entre dinamismo productivo, bienestar social e institucionalidad democrática. Ya no es cuestión de pensar el desarrollo en la lógica del chorreo o *trickle-down*, sino en una perspectiva integrada donde el desarrollo social no puede divorciarse de la transformación de las estructuras productivas; donde dicha transformación requiere también un salto en la educación y producción de conocimientos; y donde finalmente esos mismos saltos en educación, impulsados con criterios de equidad en acceso y oferta educativa, son fuente directa de mayor desarrollo social.

3. *El desafío de la ciudadanía*

La centralidad progresiva del conocimiento y la educación para el desarrollo inciden significativamente en la dinámica de un orden democrático. Esto, dado que la base material y simbólica de las democracias ya no descansa exclusivamente en un tipo de economía o de institucionalidad política, sino también en el uso ampliado del conocimiento, la información y la comunicación. En este marco, y como ya se ha señalado, la difusión de códigos de modernidad permite mayor capacidad de adaptación a nuevos escenarios productivos, mayor participación del intercambio comunicativo de la sociedad y un acceso más igualitario a la vida pública. De allí, pues, la estrecha relación entre la educación y la promoción de ciudadanía moderna.

Para ser ciudadanos en una sociedad de información y de gestión se precisan activos que las personas tendrán que adquirir mediante distintas fuentes de producción/difusión de conocimientos: deben poder expresar sus demandas y opiniones en los medios de comunicación de masas y aprovechar la creciente flexibilidad de los mismos; manejar los códigos y las destrezas cognoscitivas de la vida moderna para adquirir información estratégica en función de proyectos propios y para recrear dichos proyectos; manejar las posibilidades comunicativas y el ejercicio de derechos para defender sus diferencias culturales y desarrollar sus identidades de grupo o de territorio; y tener la capacidad organizativa y de gestión para adaptarse a situaciones de creciente flexibilización en el trabajo y en la vida cotidiana y para hacer respetar socialmente sus proyectos vitales. Junto a la demanda de vivienda, de atención en salud y de diversificación del consumo, se agrega con especial fuerza la demanda de información, de conocimientos útiles, de claridad en las decisiones, de mejor comunicación en la empresa y en la sociedad, y de mecanismos de transparencia pública e interlocución con otros.

Hoy día emergen nuevas formas de la ciudadanía en sociedades de "información", de "gestión" y de "informatización". En esta óptica distinta, el ejercicio ciudadano ya no se remite sólo a disponer de derechos políticos, civiles y sociales, sino también a participar en condiciones de mayor igualdad en el intercambio comunicativo, en el consumo cultural, en el manejo de la información y en el acceso a los espacios públicos. Un ciudadano en una sociedad de la información y de la gestión sería aquel que dispone de conocimientos y de bienes necesarios para participar como *actor* en los flujos de información, en la circulación de conocimientos y en el diálogo mediático, y para adaptarse a nuevos procesos de gestión y organización.

Un sistema educativo que se plantee por objetivo educar para la modernidad supone, en este sentido, asumir el desafío de conciliar funciones instrumentales con compromisos éticos y políticos.[54] Por cierto, la racionalidad instrumental, la eficacia productiva, el progreso técnico y la capacidad de respuesta a las aspiraciones de consumo son elementos constitutivos de la modernidad. Pero ellos no garantizan la vigencia de elementos valóricos tales como los derechos humanos, la democracia, la solidaridad y la cohesión social, la sustentabilidad y la afirmación de memorias y proyectos históricos. De allí el imperativo de imprimirles sustancia y sentido a los procesos de adquisición de destrezas y conocimientos.

---

[54] Véase al respecto el capítulo VII del presente libro.

V. Formando en códigos de modernidad

Los tres grandes objetivos u horizontes antes reseñados subyacen tanto a las estrategias de desarrollo como al horizonte de la educación. Es claro que la educación, si bien constituye una bisagra para compatibilizar estos objetivos, no es la única de que dispone una sociedad. Más aún, los esfuerzos destinados por el sector educativo pueden ser infructuosos, y muy frustrantes, si no se complementan con avances en otros espacios de la vida societal en que se definen oportunidades y capacidades, tales como el mercado de trabajo, los pactos entre actores productivos, la institucionalidad que rige a los agentes económicos y políticos, las condiciones de inserción externa, y el acceso a información y conocimiento por vías alternativas al sistema educativo.

Además, en el interior del propio sector educativo las políticas orientadas a la consecución progresiva de estos tres grandes objetivos varían con el tiempo. Si hace cuatro décadas la equidad parecía inseparable de una gestión centralizada y uniforme, hoy se asocia más con la gestión descentralizada y la pertinencia de la oferta desagregada según las especificidades de la demanda. Si en la posguerra la educación ciudadana suponía contar con conocimientos básicos sobre el código civil, hoy día está más ligada al aprendizaje en la participación política, el uso de espacios comunicativos y la coparticipación de la comunidad en la propia gestión educativa. La competitividad actualmente no se materializa tanto en adquirir conocimientos enciclopédicos o de oficio sino en aprender a aprender, vale decir, incorporar capacidad para generar y procesar información y para adaptarse a los cambios en los procesos productivos.

La difusión de códigos de modernidad requeridos para lograr saltos en competitividad, ciudadanía democrática e igualdad de oportunidades puede ser la bisagra que desde la educación compatibilice tres grandes objetivos que la modernidad le ha impuesto históricamente a la educación: la *producción* de recursos humanos, la *construcción* de ciudadanos para el ejercicio en la política y en la vida pública, y el *desarrollo* de sujetos autónomos. Utilizamos aquí deliberadamente las palabras "producción", "construcción" y "desarrollo", para aludir respectivamente a recursos humanos, ciudadanos y sujetos autónomos. Este detalle semántico diferencia y a la vez complementa los componentes instrumentales, políticos y éticos en el desafío de educar para la vida moderna. La modernidad alberga en su historia y en sus promesas precisamente esta triple dimensión para sus moradores: crecer en productividad, en ejercicio ciudadano y en autonomía personal.

Las nuevas destrezas definidas como códigos de modernidad no son mera programación sobre una tabla rasa. No consisten en unidades de información que colman un recipiente vacío y pasivo. Por el contrario, involucran cambios actitudinales en todos los actores del proceso de transmisión de conocimientos: cambios consistentes con el espíritu de un sujeto moderno que va elaborando su propio destino. No sólo se trata de adquirir conocimientos sino de hacer del aprendizaje un proceso interactivo de gran protagonismo por parte del educando, y con un énfasis mucho mayor en la producción de nuevas síntesis cognoscitivas en el estudiante que en la adquisición de información acabada.

Entre las destrezas se destacan la iniciativa personal, la disposición al cambio y la capacidad de adaptación a nuevos desafíos, el manejo de racionalidades múltiples, el espíritu crítico en la selección y el procesamiento de mensajes, la capacidad interactiva y de gestión, la capacidad de traducir información en aprendizaje, la capacidad para emitir mensajes a interlocutores diversos y la capacidad para trabajar en grupos, entre otras. Todo esto sugiere protagonismo, interacción y espíritu crítico. La misma redefinición del aprendizaje en la transmisión de estos códigos de modernidad supone un cambio cultural: de la memorización a la comprensión; de la incorporación de información a la discriminación de mensajes; de la adquisición enciclopédica a la adquisición selectiva; del aprender al aprender a aprender.

VI. El consenso educativo y la situación docente

Una transformación educativa de la profundidad y magnitud necesarias, y que aspira a conciliar mayor competitividad, equidad y ciudadanía, no se hace ni en el corto plazo ni con los recursos existentes. Requiere, en primer lugar, una voluntad política consolidada para garantizar, en el horizonte estratégico, la continuidad y progresividad de la reforma. Esto implica un amplio consenso societal que cristalice en un consenso político.

Los tiempos de transformación educativa son largos tanto por el esfuerzo que se ha de realizar como en la espera de sus frutos. No coinciden con los tiempos de la contingencia política y de los calendarios electorales. Se trata, por lo tanto, de alcanzar acuerdos nacionales más de Estado que de gobierno, que puedan sobrevivir a los cambios de gobierno y a las turbulencias del normal debate político. Como bien lo señala Juan Carlos Tedesco,

> en una sociedad diferenciada y respetuosa de las diferencias, pero también cohesionada a partir del acuerdo sobre ciertas reglas de juego básicas,

> la concertación acerca de las estrategias educativas permite por un lado superar la concepción según la cual la educación es responsabilidad de un solo sector, y por otro garantizar un nivel adecuado de continuidad que exige la aplicación de estrategias de mediano y largo plazo.[55]

El consenso involucra a diversos campos y actores, dado que la estrategia requiere un compromiso financiero fuerte, una vinculación importante con el mundo empresarial y una participación muy activa de la comunidad en torno a la escuela. Y de manera muy enfática, el consenso debe incluir a los principales agentes educativos, a saber, los maestros. Es éste uno de los puntos más críticos que nos plantea el cambio educativo, dado que es imperativo superar de modo positivo las tendencias conservadoras y rutinarias de la enseñanza, que muchas veces generan reflejos defensivos y corporativos en las asociaciones de los docentes y escasa apertura al cambio.

Sin duda en estos reflejos pesan de manera importante los problemas de pérdida de protagonismo de la profesión docente, su deterioro de salarios e ingresos y, en muchos países, la caída de sus niveles de profesionalización. Por otro lado, si se quiere mejorar el capital docente y contar

---

[55] Juan Carlos Tedesco, *El nuevo pacto educativo. Educación, competitividad, ciudadanía en la sociedad moderna*, Ed. Anaya, 1995, p. 183.

con el consentimiento (y el esfuerzo) del actor-docente, hay que ver cómo se mejoran las condiciones laborales y salariales de los docentes. Mientras no se incrementen los salarios, persistirán dos círculos viciosos. El primero consiste en que muchas veces los docentes deben realizar una doble jornada laboral para generar un ingreso suficiente para sus familias, lo cual a su vez les impide reservar tiempo de trabajo para preparar clases, atender alumnos, reciclar sus conocimientos y metodologías y programar actividades pedagógicas en interacción con sus pares. El segundo es que los bajos salarios docentes generan desmotivación y deterioro de la autoestima, que a su vez refuerzan la apatía y el carácter rutinario del ejercicio pedagógico.[56]

Si bien la crisis de recursos humanos para educar constituye un problema de calidad en todo el sistema, tiene asimismo una segmentación espe-

[56] Piénsese que, en promedio, el ingreso anual de los maestros de la enseñanza pública en la región alcanza sólo a una quinta parte del que obtienen los profesores en los países desarrollados con igual número de años de experiencia y de horas trabajadas. Y en el plano interno, en la mayoría de los casos la remuneración que perciben los docentes en América Latina es entre el 25% y el 50% menor que la de los demás profesionales y técnicos asalariados. En los países donde la incidencia de la pobreza es mayor, una proporción alta de los profesores vive en hogares pobres o en situación de alta vulnerabilidad económica. (CEPAL, *Panorama Social de América Latina,1998*, ob. cit., pp. 121-145).

cífica. La distancia entre calidad requerida y calidad existente de los recursos humanos aumenta allí donde los ingresos decrecen. Como en toda actividad sujeta al mercado, también aquí los mejores profesionales eligen el lugar de mejores remuneraciones o condiciones generales de trabajo. Ya hace algunos años, Aldo Solari observaba que

> la consecuencia es que los peores maestros son puestos al servicio de las escuelas situadas en zonas al servicio de los estratos más bajos que son, justamente, las que requerirían un mejor personal docente para enfrentar las graves dificultades que tienen los alumnos que concurren a ellas.[57]

De manera que en el problema de la calidad docente hay diferencias por estratos. No sólo se trata de docentes con mayor o menor capacitación, sino también de *disposición* y *expectativa* de los docentes respecto de las posibilidades de aprendizaje de sus alumnos. Como señalara Aldo Solari,

> numerosas investigaciones han demostrado que los maestros que sirven en áreas deprivadas ingresan a ella dominados por un gran "fatalismo" acerca de las posibilidades de éxito de los niños que deben atender, [lo que] se convierte en una profecía autocumplida puesto que lle-

---

[57] Aldo Solari, *La desigualdad educativa: problemas y políticas*, CEPAL, Serie Políticas Sociales núm. 4, 1994, p. 31.

va a prestar muy poca atención a aquellos que, desde el principio, demuestran dificultades importantes de aprendizaje por considerarlas insuperables.[58]

En la medida en que se viven diversas experiencias de las reformas educativas, el tema de los docentes y su receptividad a las transformaciones educativas ocupa una importancia creciente. No pocas veces la actitud de los docentes, o de los sindicatos de maestros, aparece frente a los gobiernos como uno de los obstáculos mayores de los procesos de transformación educativa. Los profesores son percibidos como parte de una estructura burocrática ineficiente, corporativamente protegida, que sobrevive en un pacto de mediocridad –"ganan poco pero no se evalúan sus resultados"–; y quienes ingresan a la carrera docente, salvo unos pocos "extremistas vocacionales", son vistos como si no hubiesen podido optar por profesiones más prestigiosas, sea por sus antecedentes académicos o sus escasos recursos, o por ambas cosas a la vez. Desde otra perspectiva, los docentes integran la "dimensión micropolítica" de la institución pedagógica, y la resistencia al cambio viene dada por

> tradiciones pedagógicas diversas cristalizadas en determinadas formas ideológicas; intereses y valores consolidados por grupos instituciona-

---

[58] Ídem, p. 43.

les; modalidades organizativas y estilos de gestión generados idiosincráticamente; relaciones y conflictos de poder entablados por y entre los distintos grupos que interactúan en los centros formadores, etcétera.[59]

Si bien esta percepción contiene elementos verdaderos, también es cierta la percepción de Fernando Savater cuando señala:

> Quienes asumen que los maestros son algo así como 'fracasados' deberían concluir entonces que la sociedad democrática en que vivimos es también un fracaso. Porque todos los demás que intentamos formar a los ciudadanos e ilustrarlos, cuantos apelamos al desarrollo de la investigación científica, la creación artística o al debate racional de las cuestiones públicas dependemos necesariamente del trabajo previo de los maestros.[60]

La mirada de los maestros frente a la realidad existente podría ser completamente opuesta. Mal retribuidos y poco apreciados, con medios escasos para realizar docencia en un mundo donde los estudiantes están atiborrados de información desordenada, deben llevar a cabo otras ac-

---

[59] Daniel Suárez, "Currículum, escuela e identidad: notas para la definición de un programa de estudio de la escolarización", en revista RELEA núm. 5, Caracas, mayo-agosto de 1998, p. 103.

[60] Fernando Savater, *El valor de educar*, Buenos Aires, Ariel, 1997, p. 9.

tividades para sobrevivir; por lo tanto, su reflejo natural es proteger lo poco que se tiene –la seguridad– y desconfiar de una transformación educativa que cambie las rutinas y los hunda en la incertidumbre.

La profesión docente sólo se reubicará en la sociedad del conocimiento si es percibida como parte de ella, como portadora de futuro, y ello significará necesariamente una transformación profunda en el quehacer del aula, la adquisición de nuevas habilidades, y una estructura de carrera, ligada al mérito, y, por tanto, al riesgo. La compensación económica indispensable y de la cual el conjunto de la sociedad ha de tomar conciencia deberá tener relación con esa nueva visión de una profesión docente portadora de futuro. Incorporar a los educadores al cambio educacional es un elemento fundamental del consenso educativo y obliga a fortalecer la profesión docente elevando sus responsabilidades, generando nuevos incentivos, formación permanente y evaluación del mérito. Como en toda reforma impulsada desde el Estado, el cambio educativo y sobre todo el curricular, debe buscar los mecanismos de aceptación de sus destinatarios –los docentes–. Tales mecanismos pueden ser

> desde recompensas materiales que se adicionan a los salarios, como por ejemplo las "horas para la definición y puesta en marcha de proyectos institucionales" o los "incentivos a la

productividad", hasta sanciones simbólicas que refuerzan la conveniencia de participar o aceptar la propuesta, tales como invocaciones cargadas de valor acerca de la "misión" a la que fueron convocados o la promesa de "profesionalizar" la docencia.[61]

---

[61] Daniel Suárez, "Currículum...", ob. cit., p. 97.

VII. El otro eslabón de la educación: entre la racionalidad funcional y el sujeto

1. *Entre la igualdad y la diferencia*

Quisiéramos destacar una tensión propia de las democracias actuales. Por un lado, se busca recobrar o redinamizar la igualdad, entendida sobre todo como inclusión de los excluidos, sin que ello conlleve homogeneidad cultural, a una mayor concentración del poder político o a la uniformidad en los gustos y estilos de vida. Por otro lado, se trata de apoyar y promover la diferenciación, entendida doblemente como diversidad cultural, pluralismo en valores y mayor autonomía de los sujetos, pero sin que esto se convierta en justificación de la desigualdad o de la no inclusión de los excluidos.

Frente a ello, interesa combinar políticas culturales que permitan compatibilizar la libre autodeterminación de los sujetos y la diferenciación en cultura y valores que se sigue de esta defensa de la autonomía, con políticas económicas y sociales que reduzcan la brecha de ingresos, de patrimonios, de seguridad humana y de capital simbólico. Es decir: ¿Cómo promover la igualdad en el cruce entre la justa distribución de potenciales para afirmar la diferencia y la autonomía, y la justa distribución de bienes y servicios para satisfacer necesidades básicas?

Estas tensiones entre igualdad y diferencia tienen su correlato en los actuales cambios educativos, y sobre todo en el abandono de la llamada "simultaneidad sistémica", vale decir, el abandono de la idea de que la educación formal, una vez que se hace masiva, debe ser la misma para todos, tanto por razones de escala como por principios de igualdad.[62] Dicha simultaneidad suponía que todos los educandos son esencialmente iguales, tienen las mismas posibilidades de aprender y encuentran similar utilidad a los mismos contenidos y, por ende, el contenido estandarizado promovería mayor igualdad de oportunidades.

Las actuales reformas educativas han abandonado esta idea de simultaneidad sistémica en

[62] Véase al respecto Silvina Gvirtz y Mariano Narodowski, "Acerca del fin de la escuela moderna: la cuestión de la simultaneidad en las nuevas reformas educativas de América Latina", en revista *RELEA* núm. 5, Caracas, mayo-agosto de 1988, pp. 39-56.

aras de mayor *pertinencia* en los contenidos y formas respecto de las realidades socioculturales en que se insertan. La aplicación de la teoría crítica a la educación, ya hace veinte años, mostró que una educación homogénea no implicaba mayor equidad ni mayor democratización en la transmisión del conocimiento, sino que tendía a un tipo de "racionalización sistémica" en la que se sacrificaban las identidades y raíces culturales de los distintos grupos. Más aún, se vio que una oferta educativa homogénea frente a una demanda heterogénea podía prolongar y agudizar las asimetrías de origen durante el trayecto escolar. Diferencias de clase social y de etnia podían, por tanto, verse recrudecidas en lugar de mitigadas bajo el paradigma educativo de la simultaneidad sistémica.

Nos encontramos aquí con una situación en la que es necesario equilibrar igualdad y diferencia. La educación no sólo tiene que transmitir valores igualitarios y de respeto a la diversidad, sino también encarnar ese equilibrio en su propia flexibilidad curricular. La *equidad* a partir de la educación cristaliza en un nuevo enfoque, donde convive la vocación igualitaria con la atención a las diferencias. Para lo primero se debe asegurar cobertura universal progresiva en el ciclo escolar, desde la educación básica hasta la educación media, y también reducir las brechas en la calidad de la educación según origen socioeconómico. Para lo segundo deben realizarse adaptaciones programáticas a los grupos específicos (incluyendo el bilingüismo en zonas donde el español no es lengua materna), buscar la pertinencia curricular en función de las realidades territoriales en que se desenvuelve la escuela, y asignar fondos especiales en las zonas de mayor vulnerabilidad social y precariedad económica.

Como señalan Gvirtz y Narodowski,

> lo que está en juego en la ruptura de la simultaneidad sistémica es la posibilidad del respeto a la diversidad [...] la escuela, en vez de ser el agente civilizador que acabará con la ignorancia y la barbarie, será el vehículo por medio del cual las distintas expresiones culturales podrán tener cabida.[63]

No es casual la irrupción del tema del multiculturalismo en el debate sobre educación. Dicho debate nace del problema generado en la educación en países industrializados, sobre todo Estados Unidos, con un fuerte componente migratorio de otras culturas, y se extiende luego a América Latina, donde, irónicamente, la multiculturalidad existe desde siempre. Este énfasis va de la mano del cambio de paradigma desde la igualdad sistémica hasta la equidad, dado que este último concepto permite "destinar a cada quien el servicio

[63] Ídem, p. 54.

educativo que necesita de acuerdo a su propio modelo cultural".[64]

Sin embargo, queda pendiente, como tema de la igualdad, la pregunta por las condiciones reales de progreso de los educandos en un contexto educativo que privilegia la pertinencia por sobre la uniformidad. El mundo laboral del futuro, en el marco de economías globalizadas que compiten mejor cuanto más avanzan en la tercera revolución industrial, obliga a los jóvenes y niños de hoy a desarrollar competencias que los capaciten para acceder a puestos de trabajo a futuro, sobre todo si aspiran a la movilidad social ascendente entre una generación y la siguiente. Por otra parte, la educación tiene asimismo entre sus funciones respetar y promover la identidad cultural de sus educandos. Entre estos dos objetivos las opciones pueden ser complementarias, pero también divergentes. En este último caso, el debate sobre lo óptimo no está resuelto.

Finalmente, cabe enfatizar la relación entre "educar para la diferencia" y "educar para la ciudadanía". El aprendizaje de la diferencia o de la pluralidad cultural no debe entenderse como una materia más (al estilo de la geografía, la historia o la antropología). Pensar la diferencia es pensar desde la alteridad, vale decir, pensar de modo tal que el propio educando sea "traspasado" por la

---

[64] Ibídem.

diferencia, y que el Otro implique también una interrogación sobre sí mismo. Esto convierte el aprendizaje de la diferencia en el aprendizaje de la ciudadanía: aprender a ponerse en el lugar del otro y ver con los ojos del otro. Como señala Magdaly Tellez,

> sin hacer intervenir tal relación [la alteridad] el reconocimiento de la diferencia se hace puro registro de la pluralidad, y de lo que se trata es que la diferencia se resuelva en experiencias que construyen relaciones democráticas y ciudadanía [...] lo que está en juego no es sólo el problema de la existencia de los otros como diferencia histórica y culturalmente producida, sino el hecho de que también *lo propio* se desterritorializa y se reterritorializa y, en consecuencia, se resignifica en el sentido de que deja de ser una identidad clausurada en términos de pertenencia a una nación, a una raza, a una clase social, a una organización política, a una profesión, a una comunidad académica, etc., para hacerse espacio plural en el que se entrecruzan múltiples narrativas y lenguajes.[65]

---

[65] Magdaly Tellez, "Desde la alteridad. Notas para pensar la educación de otro modo", en revista *RELEA* núm. 5, Caracas, mayo-agosto de 1998, pp. 136-137.

2. Nuevas condiciones en la construcción del sujeto

El hecho de que los flujos de información y la circulación sean instantáneos y globalizados imprime en quienes participan percepciones paradójicas. Por un lado, la impotencia del sujeto ante un orden que lo rebasa en volumen de información, transacciones, mensajes e innovaciones tecnológicas; y por otro lado las tantas nuevas opciones de autorrealización por vía de la extroversión de los medios de comunicación de masas (o, por el contrario, la imposibilidad de realizarse por esta extroversión en la que nada sedimenta de verdad): por una parte, la expansión de la interlocución desde lo presencial hasta el diálogo a distancia como expediente cotidiano de vínculo con el otro, y por otra, la aniquilación del otro en esta falta de presencialidad que afecta a una porción creciente de nuestros actos comunicativos.

Todo esto hace que en la subjetividad se recombinen nuevas formas de ser activo y ser pasivo, nueva percepción del tiempo y la distancia, nuevas representaciones del diálogo y la comunicación, nueva relación con la información y el conocimiento. Probablemente, formas que están signadas también por otras jerarquías de lo bueno y lo malo, lo útil y lo inútil, lo entretenido y lo aburrido.

¿Cómo convive la difusión progresiva de la racionalidad productiva moderna con la mezcla creciente de lenguajes y sensibilidades culturales que surgen de este intercambio global de imágenes y mensajes? Hoy más que nunca hay condiciones subjetivas y objetivas para afirmar la diferencia. Pero también, más que nunca, hay irracionalidad en el consumo, miseria evitable, injusticia social, violencia en las ciudades y entre culturas. La globalización une los contrarios, pone juntas la extroversión del sujeto en el intercambio mediático y la racionalización del sistema en el intercambio económico. Por una parte se abren opciones de expresión e identificación y "proliferan los imaginarios". Por otra, la revolución de la informática y la competitividad global imponen a todos un tremendo esfuerzo de disciplinamiento y adaptación a la *ratio œconomica*.

Las tensiones entre razón y subjetividad constituyen uno de los grandes dilemas de la modernidad, ahora agudizadas con la globalización y la sociedad de la información: llámese conflicto entre razón y sujeto (a la Touraine), entre razón formal y de fines (a la Weber), entre razón instrumental y razón emancipatoria (a la Adorno y Horkheimer), o entre razón sistémica y mundos de vida (a la Habermas). Estas tensiones son decisivas para la educación, pues el agente educador tiene que equilibrar la formación en destrezas competitivas con el desarrollo del espíritu crítico, la autorreflexión y el apoyo a la cultura de pertenencia.

De allí que Magdaly Tellez plantea abordar la "cuestión educativa" con una doble distancia: por un lado, distancia respecto del paradigma ilustrado o iluminista que ve la educación como imposición de "fundamentos racionales que aseguran de antemano la producción y transmisión del conocimiento universal y verdadero"; y por otro lado la distancia "de los criterios de eficacia y operatividad a los que se asocian las obsesiones por los resultados controlables y medibles, por el especialista-experto, por los funcionamientos sistémicos, por la competitividad, etcétera".[66]

En este cruce se posiciona Alain Touraine para interpelar a los sistemas educativos y poner en duda la transmisión de saberes funcionales. Advierte:

> No puede hablarse de educación cuando se reduce al individuo a funciones sociales que él debe asumir. Más aún, el futuro profesional es tan imprevisible, e implicará brechas tan grandes en relación a lo que han aprendido la mayoría de quienes hoy asisten a la escuela, que debemos, antes que nada, solicitar a la escuela que los prepare para aprender a cambiar más que formarlos en competencias específicas que probablemente estarán obsoletas o serán inútiles para la mayor parte de ellos a corto plazo.[67]

---

[66] Magdaly Tellez, "Desde la alteridad...", ob. cit., p. 123.
[67] Alain Touraine, *¿Podremos vivir juntos? Iguales y diferentes*, ob. cit., p. 326.

Frente a la incertidumbre del futuro, y de la posible relación entre educación hoy y empleo mañana, Touraine postula la *escuela del sujeto*. Dicha escuela debe orientarse hacia la libertad del sujeto personal, hacia la comunicación intercultural y hacia la gestión democrática de la sociedad y sus cambios.

Para ello la escuela debe reconocer, en primer lugar, la existencia de demandas individuales y colectivas que le preexisten, vale decir, que son parte de una socialización de los alumnos que no ocurre en las escuelas:

> el niño tiene, en cada momento de su vida, una historia personal y colectiva que siempre cuenta con rasgos particulares.[68]

De este modo, en lugar de escindir al educando y separarlo de parte de sí mismo en un modelo educativo "civilizatorio" que sólo piensa en formar competencias sobre una tabla rasa, es necesario

> recomponer su personalidad que tiende a estar dividida en dos universos separados: el que definen las posibilidades materiales (sobre todo profesionales) que ofrece la sociedad y más concretamente el mercado de trabajo, y el universo que construye la cultura de los jóvenes, difundida por los medios de comunicación de masas y transmitida por los grupos de pares.[69]

[68] Idem, p. 330.
[69] Idem, p. 333.

En segundo lugar, la educación debe dar especial importancia a la diversidad, tanto histórica como cultural, y "al reconocimiento del Otro, comenzando por la comunicación entre varones y mujeres o entre jóvenes de edades diferentes, para extenderse a todas las formas de comunicación intercultural".[70] En tercer lugar, advierte Touraine, debe regir la voluntad de corregir la desigualdad de situaciones y oportunidades. Pues

> mientras el modelo clásico partía de una concepción general y abstracta, cercana a la idea de ciudadanía, y a partir de allí construía una jerarquía social fundada en el mérito y no en el origen, este nuevo modelo parte de la observación de las desigualdades de hecho, y busca corregirlas activamente, lo que introduce una visión realista y no idealizada de las situaciones colectivas y personales.[71]

Identidad, multiculturalidad y equidad en las condiciones de aprendizaje son, para Touraine, los ejes de una "escuela del Sujeto". La apuesta es utópica por cuanto nos remite a los fines últimos de la educación; pero también es necesaria, porque en la medida en que las formas de trabajar y producir cambian y tornan obsolescentes los conocimientos adquiridos, la forma-

---

[70] Ídem, p. 330.
[71] Ídem, p. 331.

ción no puede pasar ni por el enciclopedismo clásico ni por una visión instrumental del conocimiento. Es la capacidad crítica, autocrítica, de relación con los demás y de integración de mundos heterogéneos lo que "equipa" al sujeto para habitar el futuro.

Esto lleva además a asumir riesgos en el proceso mismo de enseñanza. Porque una escuela del Sujeto es también una *escuela de la comunicación* que altera radicalmente la relación maestro-alumnos, visualiza el conocimiento como un proceso de construcción en el aula y con los alumnos, y respeta a los alumnos en sus propios conflictos de identidad.

> No podemos hablar de la escuela del Sujeto sin defender la escuela de la comunicación, y es allí donde son mayores las resistencias [...] cada vez que se aborda este tema, es rechazado tanto por los padres como por los profesores, que temen que se introduzca el incontrolable desorden de relaciones afectivas y desaparezca lo que consideran la misión principal de la escuela, que es enseñar y preparar para los exámenes que abren la puerta a los empleos.[72]

Pero si la escuela de la comunicación parece amenazar el orden y la disciplina, por otro lado es el dispositivo indispensable para enfrentar el reto

[72] Idem, pp. 336-337.

del multiculturalismo sin caer en visiones paranoicas o fundamentalistas; y sin dispersarse, tampoco, en un cúmulo de información atomizada:

> La globalización despojó a la sociedad de su papel de creadora de normas. Contra el riesgo de la fragmentación cultural se propone justamente el principio de la comunicación intercultural [...] educar en el respeto a la diversidad, el reconocimiento del otro y el ejercicio de la solidaridad son condiciones para ampliar y enriquecer la propia identidad.[73]

3. La educación frente a la pujante industria cultural[74]

Las nuevas ramas en la industria cultural de tipo multimedia alteran de manera sustancial el desarrollo de las capacidades intelectuales y el acceso a información por parte de niños y jóvenes en edad escolar. Con ello se empiezan a privilegiar

---

[73] Humberto Cubides, "El problema de la ciudadanía: una aproximación desde el campo de la comunicación-educación", en revista *Nómades* núm. 9, Santafé de Bogotá, septiembre de 1998, p. 45.

[74] Para este capítulo nos basamos parcialmente en el texto de Martín Hopenhayn *La industria cultural en la dinámica del desarrollo y la modernidad: nuevas lecturas para América Latina y el Caribe*, Santiago de Chile, CEPAL, (LC/G 1823), 1994.

las *capacidades de aprendizaje* por sobre los conocimientos adquiridos. La difusión masiva del vídeo (tanto en producción como en consumo), los softwares informáticos, la televisión por cable y el intercambio interactivo de información a distancia recomponen la distribución de canales de formación y transmisión de conocimientos para niños y jóvenes. Cierto es que el acceso a estos bienes y servicios está socialmente estratificado en América Latina; pero el propio ritmo de renovación tecnológica en esta rama permite un abaratamiento acelerado y, con ello, un acceso masivo a esta oferta de recursos formativos e informativos. En muchos países de la región, la "densidad" del vídeo, la computadora en el hogar o la TV por cable se expande a un ritmo nada desdeñable.

Este nuevo ciclo expansivo y diversificado de la industria y el consumo cultural es importante no sólo porque aumenta el acceso a información para segmentos menos incorporados a la modernidad. También es clave porque el receptor es, muchas veces, consumidor y productor a la vez (o cuando menos, un consumidor activo o procesador de información); porque está obligado a desarrollar habilidades intelectuales para poder manejar y absorber los nuevos bienes culturales; y porque debe aprender a discernir y seleccionar entre una gama muy amplia de oferta formativa e informativa.

Una vez que se une la producción industrial con la creación cultural, a través de las industrias culturales, se difuminan los límites de la cultura pesada y la liviana, la alta y la baja cultura, lo ilustrado y lo popular, lo nacional y lo exógeno. La cultura se hace parte de un mercado –el mercado de mensajes, o de *intercambio simbólico*– en el que los productos son de rápida obsolescencia y pasan de una mano a otra y de una ciudad a otra al compás de la innovación tecnológica e informativa. La información se hace tan accesible, inmediata, variada y detallada que en todos los puntos de salida se tiene acceso a la visión de conjunto. La cultura se abre en su posibilidad de diálogo continuo en todas direcciones, descentrando sus emisores y sus receptores. El impacto sobre la identidad es incierto, pero puede conjeturarse que ésta se vuelve, para la mayoría de la gente, una recreación permanente mediante relaciones dinámicas con las tantas otras identidades que vemos en acción a través de los medios de comunicación de masas, las redes informáticas y los múltiples referentes que van y vienen por la ciudad y por la aldea global.

¿Qué ocurre en la cosmovisión de un niño que se enchufa en las nuevas generaciones informáticas y cuyo abuelo es analfabeto y todavía mantiene en su orden simbólico ciertas tradiciones y valores vernáculos? ¿Cómo influye en la capacidad selectiva, en la imagen del planeta y del lugar específico que cada cual ocupa en el planeta y en el almacenamiento intelectual de información de la gente el hábito reciente de llegar al hogar por las tardes y empezar con el *zapping* televisivo o la navegación virtual?

¿Qué debe hacer el Estado en el campo educativo ante estas nuevas fuentes de conocimiento, información, cultura y entretenimiento, donde se mezclan las funciones formativas/informativas de la industria cultural "liviana" con las de la industria cultural "pesada"? ¿Cómo incorporar los nuevos medios en una rutina dentro del aula de clases? ¿Cómo concertar operaciones conjuntas entre esta nueva oferta de la industria cultural y los desafíos de modernizar la educación en los sectores de ingresos bajos y medio-bajos? ¿Cómo concertar el personal docente (maestros, planificadores y "gerentes" de la educación) para su propio reciclaje en torno a estos desafíos? ¿Cómo aprovechar la capacidad instalada, y su impacto en la vasta mayoría de los hogares, para poner en práctica módulos masivos de educación ambiental, educación del consumidor y educación para la paternidad responsable?

Pero por otra parte la educación tiene que compatibilizar nuevas destrezas con un patrimonio acumulado en formación crítica. La euforia mediática no puede arrasar con la memoria pedagógica, y más bien debemos encontrar las formas de potenciar el aprendizaje con los nuevos dispositivos, sin que ello aniquile el arsenal crítico y el sentido más profundo del aprender. Desde la perspectiva de la industria cultural en que la información se almacena en discos duros, el enciclopedismo puede resultar anacrónico. Pero no el humanismo al cual iba adherido. Hoy más que nunca se requiere espíritu crítico frente a la razón instrumental (en tanto razón que anula otras racionalidades); capacidad para discernir selectivamente entre las ventajas de las tecnologías de transmisión de mensajes y el riesgo de reducir el espíritu a la lógica de la mera transmisión; sospecha frente a la sobredosis de estímulos mediáticos cuando se convierten en pura secuencia; asertividad personal para no desdibujarse en la seducción de tantas texturas que circulan por la superficie sin textura del monitor.

Frente a las tensiones y las complementariedades entre el mundo de la industria cultural y el de la escuela, se plantea como campo decisivo el cruce de los procesos de educación con los de la comunicación:

> es la gran influencia de las "alfabetizaciones posmodernas", de los medios de comunicación y las tecnologías de información, lo que impone un gran reto a la institución escolar y a los modelos de comunicación que ella agencia.[75]

[75] Humberto Cubides, "El problema de la ciudadanía: una aproximación ...", p. 45.

Se hace cada vez más necesario hablar de alfabetizaciones múltiples y formas diversas de "leer el mundo". En estas lecturas se cruzan la escuela, la televisión, los nuevos medios interactivos y la recomposición de la ciudad como un espacio radicalmente heterogéneo. Este polimorfismo socava la cultura letrada (es decir, *centrada* preferencialmente en la palabra escrita) y es fuente de conflictos, encuentros y desencuentros tanto dentro del sujeto como entre sujetos distintos. Las alfabetizaciones posmodernas

> producen, en cuanto a la estructuración de la percepción, una suerte de incapacidad de adoptar un único y fijo punto de vista con respecto a la realidad y a la vez la posibilidad de enfocar la realidad desde muchos puntos de vista diferentes, simultáneamente.[76]

El problema hoy es que la escuela no logra asimilar los nuevos alfabetos que los propios educandos traen a clases. Es necesario, pues, entender que

> la transformación de los modos de leer [...] está dejando sin piso la obstinada identificación de la lectura con lo que atañe solamente al libro y no a la pluralidad y heterogeneidad

---

[76] Jorge Huergo, "Las alfabetizaciones posmodernas, las pugnas culturales y los nuevos significados de la ciudadanía", en revista *Nómades* núm. 9, Santafé de Bogotá, septiembre de 1988, p. 51.

de textos, relatos y escrituras (orales, visuales, musicales, audiovisuales, telemáticos) que hoy circulan.[77]

Desde allí Jesús Martín Barbero interpela al sistema educativo, con preguntas como las siguientes:

¿Qué significan *saber* y *aprender* en el tiempo de la economía informacional y los imaginarios comunicacionales movilizados desde las redes que insertan instantáneamente lo local en lo global? ¿Qué desplazamientos epistemológicos e institucionales están exigiendo los nuevos dispositivos de producción y apropiación cognitiva a partir de la interfaz que enlaza las pantallas hogareñas de televisión con las laborales del computador y las lúdicas de los videojuegos? ¿Qué saben nuestras escuelas, e incluso nuestras facultades de educación, sobre las hondas modificaciones en la percepción del espacio y el tiempo que viven los adolescentes, insertos en procesos vertiginosos de desterritorialización de la experiencia y la identidad, y atrapados en una contemporaneidad que confunde los tiempos, debilita el pasado y exalta el no-futuro *fabricando un presente continuo*: hecho a la vez de discontinuidades de una actualidad cada día más instantánea, y del *flujo* incesante y emborrachador de informaciones e imágenes?[78]

[77] Jesús Martín Barbero, "Heredando el futuro. Pensar la educación desde la comunicación", en revista *Nómades* núm. 5, Santafé de Bogotá, septiembre de 1996, p. 12.
[78] Ídem, p. 13.

Con razón señala Jesús Martín Barbero que la televisión rivaliza con la escuela en un sentido profundamente epistemológico, pues mientras la televisión "deslocaliza" los saberes, los mezcla, los usa discontinua y espasmódicamente en aras del entretenimiento y los sustrae de la "institucionalidad" desde donde nacen, la escuela se mantiene en las antípodas: mensajes de larga temporalidad, sistematicidad, esfuerzo y disciplina. Más aún, la televisión es hoy el lugar del "desplazamiento de las fronteras entre razón e imaginación, entre saber e información, naturaleza y artificio, arte y ciencia, saber experto y experiencia profana."[79] Para la escuela queda el desafío de salir de su posición defensiva frente al fenómeno de comunicación de masas, incorporar la plasticidad propia de dichos medios para difundir y combinar conocimientos, pero al mismo tiempo organizar este mosaico de estímulos mediáticos a fin de evitar la banalización del conocimiento y alimentar en el alumno un espíritu selectivo frente a aquello que Baudrillard llamó el "éxtasis comunicacional".

En este sentido, Guillermo Orozco invita a superar las dos visiones antitéticas de la educación ante los medios de comunicación: sea la defensa de la audiencia frente a los medios, sea la aceptación acrítica de éstos como recursos para la modernización educativa. Orozco propone a cambio

[79] Ídem, p. 14.

una "pedagogía crítica de la representación", que abra en la sala de clases el debate sobre recepción de medios, asuma que la escuela es una institución entre otras que compiten por ejercer la hegemonía del conocimiento, infunda habilidades que permitan a los estudiantes expresarse en un entorno multimedia y entienda la alfabetización como un proceso permanente que se liga a los distintos alfabetos de un mundo posmoderno –mediático, multicultural y de aceleración del cambio–.[80] El "fin de la escritura" como técnica predominante del conocimiento, así como la exclusividad del libro-en-papel que la sostiene, abre una nueva era en la escolarización. Proclama José Joaquín Brunner:

> surgirán nuevas modalidades clasificatorias que llamarán, a su vez, a emplear nuevos métodos y medios de transmisión [...] la institución que hoy llamamos escuela radicalizará su carácter de forma, continente que procesa contenidos livianos, mutantes, siempre prontos a quedar obsoletos. La secuencia de procedimientos de adquisición y uso será entonces más importante que la secuencia de materias.[81]

[80] Véase Guillermo Orozco, "Educación, medios de difusión y generación de conocimiento: hacia una pedagogía crítica de la representación", en revista *Nómades* núm. 6, Santafé de Bogotá, septiembre de 1996, pp. 23-30.

[81] José Joaquín Brunner, "¿Fin o metamorfosis de la escuela?", en revista *Nómades* núm. 5, Santafé de Bogotá, septiembre de 1996, p. 34.

¡Menudo reto para el maestro!

Este nuevo orden donde la información se transmite desde "todas partes" y de manera incesante puede llevar a la tentación de considerar que el sistema educativo está fatalmente destinado a perder importancia como modalidad relevante de adquisición de conocimiento y de formación. Sin embargo, esta tentación resulta no sólo sin fundamento sino tremendamente peligrosa, pues *la ausencia o el debilitamiento del sistema educativo aumentaría fuertemente los riesgos de una desordenada y caótica adquisición de información, desprovista muchas veces de sentido y de responsabilidad social, que podría generar más bárbaros con informaciones y habilidades que ciudadanos con capacidad de construcción de un* ethos *democrático y libre.*

El peligro de pérdida de centralidad del sistema educativo puede hacerse realidad sólo si éste no cambia. De allí la necesidad aún más dramática de su reforma, de hacerlo sensible a la cambiante realidad del mundo de las comunicaciones y desde allí desarrollar sus funciones, su plena significación, y hacer que la adquisición estructurada y trabajosa de conocimiento orientada a la construcción de autonomías individuales y sociales adquiera su plena significación.

La educación enfrenta aquí su amenaza y su promesa. De una parte, debe movilizar la industria multimedia para ganar en motivación, en expresividad y en nuevas alfabetizaciones. De otra, no debe perder el espíritu crítico, ha de insistir en la sedimentación de la experiencia de aprendizaje, fomentar el desarrollo en profundidad y no sólo en amplitud. No hay fórmulas claras entre lo que se debe desterrar y lo que se debe preservar en la pedagogía y en los currícula. Sólo el ensayo y error, y aprender de la experiencia de otros. De allí la complejidad del desafío que coloca a la educación a medio camino entre su debacle y su apogeo.

Índice

Presentación 7

I. Nuevos órdenes y nuevas incertidumbres ... 11
   1. Cambios en la aldea global 11
   2. El escenario del desarrollo en
      América Latina 21

II. La nueva centralidad de la educación 33
   1. Una percepción generalizada 33
   2. La educación en América Latina 38

III. La hora de las reformas educativas 55

IV. La educación, eslabón de la equidad, la
    competitividad y la ciudadanía 75
   1. El desafío de la equidad 79
   2. El desafío de la competitividad 92
   3. El desafío de la ciudadanía 98

V. Formando en códigos de modernidad 101

VI. El consenso educativo y la situación
    docente 105

VII. El otro eslabón de la educación: entre la
racionalidad funcional y el sujeto 113
1. Entre la igualdad y la diferencia 113
2. Nuevas condiciones en la construcción
del sujeto 119
3. La educación frente a la pujante industria
cultural 125

Se terminó de imprimir
en el mes de febrero del 2000
en Nuevo Offset SRL, Viel 1444,
Capital Federal, República Argentina.
Se tiraron 2.000 ejemplares.

Serie Breves

dirigida por Enrique Tandeter

Ralf Dahrendorf - Dario Antiseri
El hilo de la razón

Heriberto Muraro
Políticos, periodistas y ciudadanos

Aldo Ferrer
Hechos y ficciones de la globalización
Argentina y el Mercosur en el sistema internacional

**Martha Nussbaum - Richard Rorty
Gian Enrico Rusconi - Maurizio Viroli**
Cosmopolitas o patriotas

**Norberto Bobbio - Giancarlo Bossetti
Gianni Vattimo**
La izquierda en la era del karaoke

Carlos Floria
Pasiones nacionalistas

Elizabeth Jelin
Pan y afectos
La transformación de las familias

Roberto Cortés Conde
Progreso y declinación de la economía argentina

Aldo Ferrer
De Cristóbal Colón a Internet:
América Latina y la globalización

Gianfranco Pasquino
La democracia exigente

Ricardo Ferraro
La marcha de los locos
Entre las nuevas tareas, los nuevos empleos
y las nuevas empresas

Régis Debray
La República explicada a mi hija

Alain Touraine
Igualdad y diversidad
Las nuevas tareas de la democracia

Albert O. Hirschman
A través de las fronteras
Los lugares y las ideas en el transcurso de una vida

Roberto Lavagna
Neoconservadorismo versus capitalismo competitivo

www.ingramcontent.com/pod-product-compliance
Lightning Source LLC
Chambersburg PA
CBHW020006050426
42450CB00005B/330